AF299294

Lb⁵¹. 218.

LETTRES

SUR

L'ÉTAT DE LA FRANCE.

IMPRIMERIE DE HUZARD-COURCIER,
rue du Jardinet, n° 12.

LETTRES

SUR

L'ÉTAT DE LA FRANCE,

OU

CONSIDÉRATIONS NOUVELLES

SUR SES DANGERS,

AVANT L'EXPULSION DU TYRAN;

PAR

Martial SAUQUAIRE SOULIGNÉ,
CITOYEN FRANÇAIS.

PARIS,

BÉCHET AINÉ, LIBRAIRE,
RUE GÎT-LE-COEUR, N° 4.

1830

AVERTISSEMENT.

En quittant l'Angleterre, seul pays de l'Europe où j'ai pu reposer ma tête proscrite, j'ai pris, avec mes amis (1), l'enga-

---

(1) Au nombre de mes amis je me plais à citer :

M. *Alexander Galloway*, du conseil municipal (*common council*), de la cité de Londres, célèbre ingénieur, et fabricant de machines, etc., dont le nom mérite d'être honoré en France,

Parce qu'il subit, sous Pitt, un emprisonnement arbitraire de quatre ans, comme partisan trop prononcé de notre révolution ;

Parce qu'il vient demander aujourd'hui, comme une faveur, qu'on lui confie un orphelin de douze à quatorze ans (dont le père serait mort, en juillet, pour la liberté), en prenant l'honorable engagement de lui donner une éducation très soignée ; de l'instruire, comme un fils, dans sa belle industrie, et de le conserver, sous son toit paternel, jusqu'au moment où, devenu un bon ingénieur-mécanicien, il lui plaira de rentrer dans sa famille.

M. *Loudon,* membre d'un grand nombre d'Acadé-

gement de leur faire connaître régulièrement, chaque mois, ou plus souvent,
l'état intérieur de la France, à laquelle
un si grand nombre d'Anglais, et spécialement mes amis, ne prennent guère
moins d'intérêt que nous-mêmes.

Le manuscrit de ces premières lettres
ayant été communiqué à quelques braves

---

mies, ou Sociétés savantes, auteur de deux Encyclo-
pédies, l'une d'Agriculture, l'autre des Plantes, et du
Gardener's Magazine.

MM. *Hill*, de Londres, et de Birmingham, fon-
dateurs d'un admirable système d'éducation, en exis-
tence depuis plus de treize ans, sur une grande
échelle, et déjà naturalisé en Suède.

L'un de ces excellens citoyens m'a promis de venir
l'établir en France, où ou l'appréciera quand j'aurai dit :

Que les élèves sont régis par une constitution li-
brement votée par eux-mêmes ;

Qu'ils exercent leur propre gouvernement intérieur, puisqu'ils nomment leurs magistrats ; font, ou
consentent les règlemens de l'école ; ont un comité-
directeur, élu par eux, et leur jury, leurs cours d'assises, etc. ;

Qu'ils jouissent, sans en abuser, de la liberté,

des trois mémorables journées, et de l'expédition de Rambouillet, on a trouvé que
ma manière d'envisager les grands résultats de cette expédition n'était pas indigne
d'attention. On m'a demandé l'autorisa-
tion de faire imprimer ces· lettres ; et,
n'ayant aucun motif de me refuser à cette
demande, j'y ai accédé sans difficulté.

Je viens de dire pourquoi des pages,
destinées à être publiées à Londres seulement, le sont aussi à Paris ; et comment

---

et de l'exercice de tous les droits du citoyen lui-
même ;

Enfin , que jamais je ne vis aucune école où l'indi-
vidu moral et social fût placé de manière à acquérir
des habitudes , des mœurs , une capacité *civile,* et un
perfectionnement semblables à ceux qu'acquèrent les
jeunes gens d'*Hazel-Wood* et de *Bruce-Castle.*

M. *Mielle* (de la rue Saint-Lazare , n° 21) s'occupe,
en ce moment, de traduire, pour les publier, la constitution , les règlemens , etc., des écoles de M. *Hill* ;
dont l'un des frères, aussi mon ami, et avocat à Londres, n'est pas moins distingué par la probité que par
le talent.

Bon avis pour ceux qui auraient le malheur d'avoir
à plaider devant les tribunaux anglais.

je ne commence pas par publier, comme je me le proposais, un précis de mes négociations avec des cabinets étrangers, en 1822 et 1823, pour délivrer mon pays de la tyrannie.

LETTRES

SUR

L'ÉTAT DE LA FRANCE.

PREMIÈRE LETTRE.

Paris, 13 septembre 1830.

Il y a seulement trente jours, mes amis, que je suis rentré sous mon toit, et déjà je mets la main à la plume pour commencer à accomplir ma promesse, de vous faire connaître, chaque mois, la situation de la France. Un banquier ne remplirait pas ses engagemens avec plus d'exactitude.

Si ma correspondance ne devait pas sortir du cercle étroit de l'amitié, je répondrais complètement à vos désirs, en m'expliquant sur les individus avec autant de liberté que sur les choses; parce qu'alors, sans danger, sans inconvenance, je pourrais me permettre de blâmer, d'accuser, même nominativement, nos nouveaux tripoteurs politiques, qui déjà pullulent malheureusement. La résolution que vous avez prise de publier mes lettres change tout-à-fait ma situation de correspondant, et m'impose une réserve qui vous contrariera souvent; mais dont je ne m'affranchirai point, quelques instances que vous puissiez me faire, l'exemple de vos journalistes et des nôtres ne pouvant avoir d'influence sur moi.

A mes yeux, les personnalités sont toujours indécentes ou coupables; elles dénotent, dans ceux qui les lancent, surtout par la voie de l'impression, un mauvais naturel ou quelque passion haineuse; des mœurs grossières, ou même un caractère tyrannique, et certainement je ne me rangerai pas parmi les écrivains que je trouve condamnables.

Mais, en vous parlant de l'ex-royale famille, des principaux instrumens de sa tyrannie, de ses innombrables et monstrueux crimes, mon langage sera toujours celui de l'indignation. Je les accablerai d'accusations, le plus souvent nouvelles, et toujours vraies. Je les flétrirai; je les montrerai ignominieux, haïssables, détestables autant qu'il sera en mon pouvoir, et ce ne sera pas ma faute, assurément, si je ne parviens pas à étouffer jusqu'au moindre germe de pitié pour eux.

Cependant mon indignation n'empruntera rien à l'esprit de vengeance personnelle d'une

victime qui use de représailles ; ce sera seulement comme membre de la grande famille humaine, et comme Français, que j'appellerai sur
eux l'exécration des hommes. Or, on ne pourra
dire que j'ai attendu qu'ils fussent impuissans
pour les poursuivre par mes attaques. S'ils m'en-
fouirent, pendant deux cent quatre-vingt-cinq
jours, dans leurs cachots; s'ils mirent ma tête
à un énorme prix ; si leurs assassins me firent
la chasse, hors de France, comme en France;
s'ils violèrent, deux fois, le droit des gens sur
un ambassadeur, pour s'emparer de mes secrets; s'ils me firent condamner à mort civile,
par impuissance de me faire tuer ; si leurs fureurs
éclatèrent de nouveau lorsque S. M. don Pedro
donna au Portugal une charte qu'ils me repro-
chèrent d'avoir faite, et un ministre qu'ils nommèrent mon agent (1) ; si leurs *chacals* judiciaires me
nommèrent, vingt fois, l'ennemi le plus acharné
des Bourbons, et me lancèrent tant de sales calomnies, qui douterait que tant d'atroces tentatives contre ma vie et mon caractère, que
tant et de si longues persécutions ne fussent ex-

---

(1) Vous trouverez dans *the Morning-Chronicle* et *the
Morning-Herald*, du 4 août et jours suivans, en 1826,
ces expressions, extraites du journal officiel des Villèle, etc., c'est-à-dire de leur manifeste contre moi.

citées par mes implacables hostilités contre eux ? On ne pourra donc dire que je ne les attaque que parce qu'ils sont renversés.

Il est temps de mettre fin aux ménagemens pusillanimes qu'on a eus, jusqu'à présent, pour les tyrans. Il est temps de substituer le langage de la dure vérité à celui du protocole des cours, et d'en finir avec cette superstition féodale qui exigeait qu'on conservât du respect même pour les tyrans les plus sanguinaires, parce qu'ils avaient porté la couronne. Les rois sont, pour jamais, redevenus des *hommes,* et le nouveau paganisme qui les avait faits des *dieux* a disparu pour toujours.

Comme ce m'est un plaisir, et même une sorte de bonheur, d'avoir l'occasion de louer le mérite, et surtout celui qui est oublié ou méconnu, vous ne vous étonnerez pas, mes amis, si je me plais à vous signaler des hommes de courage, des patriotes dévoués, sur lesquels on a gardé le silence, ou dont on a trop peu dit dans les relations, même officielles, de la dernière révolution.

L'injustice m'irrite, quelle que soit sa nature. L'esprit, les tripotages des coteries me dégoûtent, et lorsque des milliers de poltrons, d'inutiles et même d'ennemis de la liberté, ont l'impudence de s'assigner un rang parmi les vainqueurs de juillet, je considère comme un devoir de mettre en évidence ceux qui ont bien mérité de la patrie et du monde entier; car le *suum cuique* doit être d'autant plus justement distribué, que, dans la somme générale de gloire, les parts individuelles sont moins égales.

Je dois vous dire pourquoi je ne vous donnerai que quelques détails épars sur les mémorables journées du mois de juillet.

Je n'ai que des renseignemens très incomplets, et même il en est peu auxquels je puisse accorder une entière confiance.

Une relation neuve, intéressante, me conduirait à un volume de cinq cents pages, et ce sont seulement des lettres que j'ai pris l'engagement de vous écrire. D'ailleurs, le Gouvernement vient de confier ce travail historique à un jeune avocat (1) d'un grand mérite comme écrivain, si j'en juge par la concision, par la rapidité et la force de style dont il a fait preuve, dans le compte officiel qu'il a rédigé au nom de la commission temporaire, qui a gouverné la France pendant l'interrègne. Je n'aurai donc pas l'inconvenance de chasser sur ses terres.

J'étais encore à Londres lorsque mes compatriotes s'honoraient par des actes d'héroïsme, si nombreux qu'à peine il sera possible d'en com-

---

(1) M. Plougoulm.

pléter l'énumération , même à dessein de les célébrer ou de les récompenser, tant il se trouve de
héros modestes et désintéressés, parmi les hommes
qui ont porté plus loin le dévouement et le mé-
pris de la mort. Je pécherais donc contre les con-
venances, et même, confiance ne me serait pas due
si je me faisais l'historien de ce glorieux siècle de
soixante heures, qui ne peut être écrit d'une manière, sinon parfaite, au moins satisfaisante, que
sur des milliers de témoignages, pesés et admis
avec un extrême discernement, et après de très
longues enquêtes.

Vous voyez, mes amis, que je dois me borner
à vous offrir quelques observations générales ; à
vous parler de quelques hauts mérites, qui ont
gardé un noble silence; et aussi de plus d'une injustice commise envers le peuple, ou envers quelques individus, comme lui oubliés, mis de côté,
avec indécence, et presque injurieusement, lorsque, tout danger étant passé, les ambitions, les
avidités individuelles et les coteries ont usurpé
la gloire, et surtout les dépouilles opimes, que les
véritables vainqueurs dédaignaient de réclamer.

Les trois mémorables Journées.

Le *veni, vidi, vici* de César n'exprimerait que très imparfaitement la grandeur du prodige des trois mémorables journées. César commandait les soldats les mieux disciplinés, les plus aguerris du monde et les plus habitués à vaincre. Il n'avait combattu que des hordes barbares, mal armées, surprises, et complètement ignorantes dans l'art de la guerre. Les vainqueurs de Paris se sont trouvés dans une position exactement inverse de celle du plus illustre des généraux romains.

Or, les Parisiens ne se sont pas bornés à triompher d'une armée ; ils ont renversé un trône, chassé une dynastie, anéanti une faction, qui semblaient invincibles et même inattaquables, tant était immense et colossale leur puissance. Et, ce qui rend plus prodigieux encore le triomphe des Parisiens, ils ont désarmé, en quelques heures, la coalition la plus formidable, qui fût jamais formée pour asservir les nations.

Jetons un instant nos regards en arrière.

Je n'accuserai point le vainqueur de 1814 ; il ne fut que le tremblant instrument des proditeurs de la France et de l'homme qui les avait tirés de la poussière, pour les faire grands. Déjà ils avaient pactisé avec l'assassin de Louis XVI ; déjà notre ex-prêtre et boiteux sicophante *Monk* avait im-

provisé la légitimité du parricide, lorsqu'Alexandre reçut, de la bonne Joséphine, *l'assurance* qu'elle avait, d'accord avec Barras et Fouché, délivré et mis en liberté le jeune Louis XVII, le jour même assigné à sa mort, et *la preuve, de la main de Napoléon,* qu'il vivait encore: puisqu'il avait donné l'ordre, avant de partir pour sa campagne de France, de lui payer un semestre de 12000 fr., en Amérique.

En politique, il est reçu comme justice qu'on peut et qu'on doit profiter de tous les moyens, quels qu'ils soient, de tirer avantage de la victoire. C'est une monstrueuse chose qu'une conscience politique !

Alexandre tremblait que le tocsin ne soulevât la France entière, et que l'armée, en garnison dans les cinquante-deux places fortes, ne fondît sur ses derrières. L'escroquerie du trône, au profit de Louis XVIII, serait achetée par la remise de ces places, par l'abandon de la Belgique et du Rhin ; le futur Charles X allait consentir à tout, fût-ce même à ne conserver qu'une partie de la vieille France. On lui dicta donc, *hic et nunc,* cette cession, comme une condition, *sine quâ non,* de la légitimité improvisée ; et, de ce moment seulement, Alexandre commença à moins frissonner.

Je le répète, la politique absout le tzar, dans cette circonstance, dont le crime appartient ex-

clusivement aux Bourbons et à leur exécrable faction (1).

Ce fut en 1815 que les vainqueurs furent dé-
naturés, monstrueux et atroces, comme vous me
l'avez dit, cent fois, avec indignation. Onze mois de
la légitimité escroquée avaient assez démontré
qu'elle serait à jamais incompatible avec les sentimens de la nation française. Il était évident
qu'elle ne cesserait plus de poursuivre les Bourbons de son exécration, et que le seul moyen
d'assurer la paix de l'Europe était de couronner
M. le duc d'Orléans. Nous l'eussions accueilli avec
bonheur et même avec enthousiasme ; mais un
prince qui eût régné par les lois et pour le peuple ;
un prince qui eût été le plus ferme défenseur de
nos libertés, de notre indépendance politique, ne
pouvait être l'homme du royal et auguste vandalisme des *hommes-dieux* de 1815. Ils avaient ar-

---

(1) Ce qu'on vient de lire paraîtra aussi étrange à
mes compatriotes qu'incontestable à mes amis d'Angleterre, qui ont eu sous les yeux les preuves de ces faits
et de tant d'autres, consignés et prouvés, archi-prouvés,
dans mes Mémoires, encore manuscrits ; mais le plus
sceptique sera contraint de croire, lorsque je les publie-
rai. Au reste, si l'ex-sénateur comte *Saur* vit encore, ce
que Dieu veuille, et si quelques-uns des lecteurs le connaissent, ils recevront de lui, je le pense, plus d'un imposant témoignage sur ces faits.

rêté, dans leur divine sagesse, que l'Europe entière serait asservie. Il leur fallait donc une dynastie soumise et rampante, pour enchaîner la nation la plus redoutable par son ardeur pour la liberté.

Ils savaient qu'elle dévorerait nos richesses, qu'elle détruirait notre industrie. Ils croyaient qu'elle nous réduirait, sans perte de temps, à un état *incurable* de misère, de faiblesse, de dégradation politique et sociale (1).

Comme l'éloignement de la Russie et l'impossibilité de lui trouver ailleurs une compensation, pour l'agrandissement qu'eût procuré, à d'autres puissances, notre démembrement, empêchaient qu'on nous traitât comme la Pologne, adoptant le seul moyen qui restât de nous anéantir, on nous réimposa une dynastie, une ignoble et dévorante faction qui, ne pouvant se maintenir sans la protection étrangère, tiendraient à honneur de la mendier, de la payer avec notre or, et en nous asservissant.

Comme on savait que l'Europe demeurerait né-

____

(1) J'ai entendu prononcer l'imprécation suivante (le 16 octobre 1815) par lord *Londonderry* : « Je voudrais qu'il fût en mon pouvoir d'engloutir au fond de la mer la France et ses habitans.... » Sur quoi un plénipotentiaire, mon intime ami, lui dit avec un sérieux sardonique : « Il paraît que sa seigneurie voudrait débarrasser l'échiquier des grandes dépenses que lui coûte l'établissement militaire de Gibraltar. »

cessairement esclave aussi long-temps que la France le serait, un traité spécial (qu'on feint de ne pas se rappeler aujourd'hui) garantit la tyrannie des Bourbons.

Les aristocraties héréditaires, les moines, les jésuites, les *athées-prêtres*, de tous les pays, s'unirent étroitement avec les nôtres. Un million et demi de massacreurs par métier ; les lois de sang, et les congrès ; l'invasion des deux péninsules, une double inquisition politique et religieuse, qui couvrit tout le continent de ses armées d'espions, de gendarmes, de geôliers, de *chacals* judiciaires et de bourreaux, complétèrent le grand système, fondé au nom de la très sainte trinité, et au maintien duquel on consacra, annuellement, des milliards extorqués aux peuples.

Cependant on chercherait vainement aujourd'hui, même hors de France, quelques-uns des liens qui formèrent cette confédération européenne. Le triomphe de Paris l'avait rompue, l'expédition de Rambouillet l'a annihilée, en un clin d'œil.

Aussi, quoique nos ministres l'ignorent, à en juger par leur conduite publique, on ne trouverait pas un seul membre de la coalition que je viens de signaler, qui ne frissonne d'épouvante, sous les dehors d'une assurance jouée et d'une importance qui n'est plus que ridicule ; car qui oserait affecter même un semblant de mauvaise hu-

meur contre la nation à qui il appartient bien
autrement qu'à feu **M.** Canning, d'en appeler aux
peuples opprimés, si on l'y forçait?

Eh! est-il un despote qui ne sache que cet
appel serait le signal de son renversement immé-
diat? vérité que je n'exprime pas dans un but hos-
tile, assurément, mais pour avertir votre olygarchie des dangers auxquels l'exposeraient ses
complots et ses fureurs contre nous.

Toutefois, si vous observez froidement les mémorables triomphes des Parisiens, vous ne tar-
derez pas à vous convaincre qu'ils ne sont aucu-
nement miraculeux en eux-mêmes, et qu'ils ne
sont vraiment extraordinaires que par la vastitude
du théâtre sur lequel se sont développés leurs résultats.

Comme je ne puis me citer moi-même longue-
ment, je vous renvoie au troisième livre de mes
Trois règnes de l'Histoire d'Angleterre, écrits il
y a douze ans. Vous y trouverez l'explication
claire et complète du renversement subit de nos
tyrans, et le développement progressif des causes
qui ont amené, qui ne pouvaient manquer d'amener, tout à coup, ce renversement; car en écrivant
cet ouvrage, mon but n'était pas d'apprendre à
mon pays ce qui s'était passé dans le vôtre, mais
de *prédire* ce qui arriverait aux Bourbons.

J'ai dit qu'on a été injuste, injurieux même,

envers le peuple vainqueur; je dois vous prouver cette assertion sévère.

En rentrant, les Bourbons se sont empressés de payer, aux dépens du peuple, les criminels services qu'ils avaient reçus des chouans, des émigrés, etc. ; grades, décorations, pensions, places, indemnités de toute nature, tout leur a été prodigué, et avec tant de profusion, que, sans compter le milliard distribué par Villèle, il en a été dépensé deux ou trois autres pour ces ennemis de leur patrie.

J'arrive au peuple vainqueur.

Lorsque le combat a été terminé, on s'est à peine occupé de lui... ; cependant, combien serait-il resté de héros sur le champ de bataille, si les artisans et les hommes à mains durcies par le travail s'étaient tenus à couvert, comme tant de plats solliciteurs qui ont demandé ou obtenu une part dans les fruits d'une victoire à laquelle ils n'ont peut-être pas même participé par leurs vœux; car les hommes avides de places ne sont-ils pas trop occupés d'eux-mêmes pour prendre intérêt à la chose publique?

Mais, pourriez-vous me demander, comment récompenser soixante mille artisans et ouvriers, qui ont tous également combattu et vaincu?

On les eût tous récompensés si l'on eût déclaré, immédiatement après la victoire, que les droits d'entrée en ville, sur le vin, seraient diminués, en 1831, de 25 ou 30 pour 100; que les droits réunis seraient réduits de 50 pour 100, et que la forme de la perception cesserait d'être vexatoire.

On eût pu déclarer qu'il serait alloué 200 perceptions rurales, 200 croix de la Légion-d'Honneur et 2000 médailles (comme en portent vos soldats de Waterloo), aux hommes qui auraient été blessés, à ceux qui, au concours et sur la désignation de leurs légions assemblées pour les choisir, auraient été reconnus les plus dignes de récompense.

On aurait pu accorder à un certain nombre des sous-officiers anciens, et qui auraient fait des actes d'héroïsme, quelques douzaines d'épaulettes de sous-lieutenant.

On aurait pu créer quelques écoles d'arts et métiers, pour les enfans des familles pauvres.

Comme il me suffit d'indiquer quelques-unes des choses qu'on eût pu faire, ou proposer, pour le peuple, je ne pousserai pas plus loin cette énumération, que je n'eusse pas faite si courte, si l'idée d'être reconnaissant et juste fût venue à l'esprit de quelques personnages influens; si, seulement, ils se fussent dit que les récompenses accordées à quelques-uns des plus dignes, seraient considérées comme un honneur commun à tous (1).

Or, ces récompenses n'eussent pas été à la charge du trésor.

En effet, c'était aux vaincus d'en faire les frais, et par les vaincus, je n'entends pas seulement la dynastie, j'entends tous les grands et notoires ennemis du peuple; ceux qui l'ont servie dans ses grands excès, ou qui se sont partagé, pendant seize ans, les richesses, les dépouilles de la France, en l'opprimant.

Les biens confisqués par une loi et annexés au domaine public, ont-ils pu en être distraits au profit des hommes de la contre-révolution? Tels hommes, auxquels furent comptées des sommes devenues si considérables, par l'accumulation des années, et dont tous les services furent faits dans les armées étrangères, royales, émigrées, ou qui furent improvisés généraux, colonels, etc., avaient-

---

(1) Presque au moment où j'écrivais ce qu'on vient de lire, la commission nommée par le Gouvernement prenait de nobles et généreuses mesures pour honorer, dans la personne de leurs veuves et de leurs enfans, les héros morts pour la liberté, et pour assurer le bien-être de ceux qu'ils ont laissés sans fortune, sans appuis. Espérons que ce premier acte de justice en amènera un grand nombre d'autres, que sollicitent vivement la sensibilité et la reconnaissance nationales.

ils quelques droits, même apparens, sur les fonds du trésor national ?....

Ce sera devant mon pays que je trouverai plus tard l'occasion, je l'espère, de développer le compte des indemnités que la faction, au profit de laquelle la France n'a cessé d'être pillée, dévorée, *doit toujours* à la nation.

Je n'ai abordé ce sujet que pour mémoire seulement, et pour répondre aux premières objections possibles ou présumables, en démontrant que mes principes sont exactement ceux mêmes dont les vaincus d'aujourd'hui nous firent une si rigoureuse et destructive application, pendant toute la durée de leur tyrannie.

Ce fut aussi, en admettant ces principes, *de toute justice,* disait-on en 1815, que les alliés des Bourbons extorquèrent à la France d'énormes tributs, en compensation des dommages qu'elle avait faits aux pays conquis, ou occupés par ses armées.

Or, les alliés n'avaient-ils pas signé un traité avec les Bourbons, avant que la campagne s'ouvrît ? Ne fut-ce pas pour les Bourbons que la conquête de la France fut faite ? Ne l'ont-ils pas épuisée et opprimée jusqu'au dernier jour, comme un pays ennemi ? Ne l'ont-ils pas ruinée au profit de leur faction, bien plus qu'au leur ; puisqu'un tyran ne consomme pas personnellement, mais distribue les dépouilles des peuples à ses favoris, à ses sicaires de tout rang?

La faction vaincue est donc responsable envers la France, précisément *aux mêmes titres* en vertu desquels ses alliés, et elle-même, nous ont, si long-temps et si cruellement, dépouillés, depuis le mois de juillet 1815.

Je me résume.

Vaincus, nous avons été dévorés par le vainqueur, et une faction, ennemie acharnée de notre pays, s'est gorgée de nos richesses, au nom des principes de l'équité sociale.

Dirait-on que, d'après ces mêmes principes, la nation victorieuse, à son tour, ne soit pas fondée à réclamer la restitution de ce qui lui fut arraché par la violence, par d'illégales ordonnances, ou par des actes législatifs indignes du nom de lois?

Les Bourbons ont épuisé le trésor national pour récompenser les criminels, pour indemniser les agens, les complices, les instrumens, les suppôts de leur tyrannie.

Je cherche vainement ce qui a été fait, ou seulement proposé, pour récompenser les intrépides combattans, que la mort a épargnés, et qui, en expulsant les Bourbons, ont prodigieusement enrichi la France; puisque la victoire, en mettant fin aux dilapidations du trésor, a aug-

menté, du montant de leur valeur, la richesse
nationale.

En somme, on ne s'est montré juste qu'envers
les jeunes héros des trois écoles, en leur offrant
quelques décorations , qu'ils ont eu la généreuse
fierté de refuser, et envers les blessés, envers les
veuves et les familles des victimes. Est-ce assez ?
La nation sera-t-elle moins généreuse envers ses
libérateurs vivans que nos tyrans ne le furent
envers leurs brigands ?

Mais poursuivons.

La probité, le désintéressement du peuple ont
égalé son courage. Comme je vous l'avais prédit,
lorsque nous reçûmes, à Londres, le premier avis
que la lutte était engagée (sur quoi vous étiez quelque peu incrédules, soit dit sans reproches), le
peuple, qui a *pris d'assaut* la capitale, puis-je le
dire, a porté un tel respect aux propriétés individuelles, et même royales, que les mots vous manquent pour exprimer votre admiration. Enfin ,
comme je vous l'avais prédit, la vertu populaire a
été si grande, que le voleur, de la veille et du lendemain, est devenu honnête homme aux jours du
combat.

Après la victoire, le peuple est rentré dans
ses ateliers, sans faire entendre un cri de désordre ; et, au premier appel, il s'est élancé, de
nouveau, vers Rambouillet, sans réclamer ni paie-

ment, ni vivres; et sur toute sa route, on n'a pas entendu former une plainte contre lui, on n'a pas remarqué un homme ivre.

Certes, jamais on ne vit autant d'ordre, autant de respect pour la propriété, même dans les armées contenues par la plus rigoureuse discipline; et, ce qui fait ressortir davantage la probité et l'honneur du peuple de Paris, c'est que l'armée de Charles X, en se retirant par la même route, n'a rien payé de ce qu'elle a exigé des habitans.

Cependant, au lieu d'honorer ce peuple si dévoué, on a tremblé immédiatement qu'il n'abusât de sa force, et qu'il ne mît la chose publique en danger!!! On lui a fait l'odieuse injure de le comparer à ces misérables ramassis de populace corrompue qui, à une autre époque, fut poussée, à prix d'argent, par les courtisans, par les agens de Monsieur, par ses jésuites, et par les émissaires du despotisme étranger, à commettre les excès et les crimes qui devaient nous jeter dans la désorganisation et l'anarchie; leur assurer les moyens d'ameuter l'Europe contre nous, et des titres pour accuser la nation entière des actes de vandalisme et de férocité qu'eux-mêmes avaient dirigés et soldés!!!

Impertinens, insultans détracteurs du peuple, aristocrates de tous les rangs et de tous les pays, ce n'est pas lui, c'est vous seuls qui troublez l'ordre social, et bouleversez les nations. Elles durent et devront toujours leurs malheurs à **vos** cruelles ambitions, à votre insatiable avidité de pouvoir, d'argent, d'honneurs ; à vos vanités querelleuses, à vos rivalités hostiles ; aux corruptions, à la démoralisation, dont votre luxe, vos intrigues, vos coteries, vos ligues, infectent les sociétés. Ce ne fut jamais le peuple, ce fut toujours vous qui désolâtes l'espèce humaine ; qui dévastâtes la terre, et qui l'inondâtes de sang. Les gibets et les bûchers furent toujours élevés par vos ordres ; les bourreaux, les égorgeurs ne travaillèrent jamais que pour vos intérêts. Ce n'est point sous le modeste toit de l'homme de travail, c'est sous les lambris dorés, qu'on dut chercher, et qu'on trouva, dans tous les siècles, dans tous les pays, les monstres qui firent assassiner les bons rois, qui dépeuplèrent la terre, qui dégradèrent les mœurs, qui mirent un prix aux crimes.

Cessez donc d'accuser les peuples, car ils tiennent de vous seuls tous leurs vices ; aussi peut-on remarquer, partout, que leur pureté, que leur honnête simplicité, se perd, ou se conserve, dans la proportion de leur plus ou moins de rapprochement avec vous.

Je terminerai cette longue lettre en vous signalant quelques mérites individuels, qui sont

ignorés, parce qu'ils sont modestes ; et sans récompense, parce que ceux à qui ils appartiennent ont dédaigné d'en solliciter le prix.

Le lieutenant-général Pajol (1) ayant été engagé, le 29 juillet, à cinq heures et demie du
matin, par son ami M. Degousée, à prendre le
commandement en chef, déjà refusé par plusieurs
généraux, l'accepta sans hésitation, et sous la
seule condition qu'il lui serait déféré par les députés de Paris.

Cependant, sans attendre sa commission, il se
porta en différens lieux de la capitale, pour prendre
une idée de l'état des choses, avant d'arrêter ses
dispositions.

Lorsque M. Degousée, revenant de chez M. La-
fitte, où étaient réunis les députés, rejoignit le
général, il le trouva déjà à l'œuvre et dirigeant
la formation des barricades sur les boulevarts.

------

(1) Le général Pajol, né en 1773, a tiré les premiers
et les derniers coups de fusil de notre immortelle révolution. Constamment aux avant-postes, il ne fut jamais
fait prisonnier. Il est un des généraux de l'Europe qui a
été le plus blessé ; le seul qui ait eu seize chevaux tués
sous lui pendant cette éternelle guerre, et le seul aussi
(quoique gendre du maréchal Oudinot, dont il est l'é-
mule en courage et en valeur) qui n'ait pas voulu porter
la cocarde blanche, ni servir depuis 1815, époque à laquelle il demanda, et obtint, sa retraite.

Cette commission, quoique signée par les députés, au nombre desquels je sais que se trouvaient MM. Mauguin, Eusèbe Salverte, Audry de Puyraveau, de Laborde, Bavoux, ne lui fut néanmoins pas remise, les signatures ayant été déchirées par une main que je ne veux pas faire connaître, à cause de la réserve que je me suis imposée sur les accusations personnelles. Mais Pajol était trop dévoué à son pays et à la liberté, pour être pointilleux sur les formalités. Il agit donc avec la même activité que si elles avaient été remplies.

Est-ce le manque de cette pièce qui autorisa son déplacement? Je l'ignore; mais, quoique, le premier, il eût accepté le périlleux commandement en chef, et en eût commencé, de très bonne heure, les fonctions; dès le soir même, il se trouva relégué à la troisième place, c'est-à-dire qu'il n'eut plus que le titre d'adjoint aux deux chefs supérieurs élus par la commission provisoire, et qui furent installés entre deux et trois heures, après midi.

Je ne dois point passer sous silence un nouveau et signalé service qu'il rendit à la France, ce même jour.

Vers les deux heures, le trésor public ayant été envahi, et se trouvant en danger, il s'y porta en toute hâte, usa même de son sabre pour percer la foule. Il ne se retira qu'après avoir établi des postes très forts, dont il donna le commandement au capitaine de la garde nationale Boussi, dont la conduite fut digne des plus grands éloges, et qui, par sa fermeté et sa prudence, a su conserver un précieux dépôt, contenant 3o millions en numéraire, et 3 millions en papier.

Je vous laisse à apprécier la grandeur d'un tel service.

M. Alexandre de Laborde, député de Paris, se transporta, le 26, premier jour de la lutte, à une assemblée de journalistes réunis au bureau du *National*. Le soir, il réunit les députés chez lui. Le 28, il se joignit à eux, chez M. Audry de Puyraveau, et offrit de prendre le commandement de la garde nationale. Le 29, à neuf heures du matin, il avait réuni deux mille hommes, et marchait, à leur tête, dans le quartier de la Chaussée-d'Antin. Le 3o, il fut installé préfet de Paris, dont il a rempli les fonctions pendant un mois. Comme le général Pajol, il est rentré dans la foule des obscurs. S'il se trouvait quelques nouveaux dangers à braver, croyez qu'ils n'attendraient pas qu'on vînt les tirer de l'oubli.

Le 28, au matin, M. Degousée, en grande tenue de garde national, et suivi de six de ses amis, MM. Higonnet, Laperche, Tourzel, Domers, Bonnefond et Bonnassies, tous armés, comme lui, de fusils et de baïonnettes, avec une provision de deux cents cartouches, se mit en campagne, en criant aux armes.

La marche de cette petite escouade, commandée par un garde national équipé comme pour une revue, produisit un effet extraordinaire sur les habitans. Ils criaient partout : *vive la garde nationale !* Nous allons donc enfin combattre sérieusement. Les uns embrassaient ces braves, d'autres baisaient leurs fusils, et jusqu'aux pans de leurs habits. Tous étaient électrisés et demandaient des armes.

Lorsque M. Degousée prit possession du poste des Petits-Pères, deux citoyens armés, et cent autres sans armes, l'avaient déjà rejoint. Il distribua à ces braves deux cents fusils, cinquante sabres, cinq cents baïonnettes, et quarante tambours, qui se trouvèrent dans ce petit dépôt. Les tambours furent extrêmement utiles, en procurant les moyens de battre le rappel dans le quartier, et de réunir plus de deux mille hommes

MM. Féline, au premier mot d'avis reçu de M. Degousée, étaient accourus au combat avec cent cinquante hommes, après s'être emparés du poste de l'Opéra.

Après avoir détruit les télégraphes, pris les postes de l'arcade Colbert, de la grande Poste, et celui de la Banque, enlevé par M. Philippe Féline, qui y laissa une forte garde , ils furent rejoints par plus d'une centaine de gardes nationaux.

A une heure, après midi, le combat s'étant engagé avec des forces très supérieures, composées de gendarmes des chasses, des lanciers de la garde, et du 5ᵉ d'infanterie de ligne, la retraite devint nécessaire.

Cependant, à trois heures, la rue Notre-Dame et la place des Petits-Pères étaient déjà barricadées et les citoyens, en tirant par les fenêtres, avaient mis hors de combat cent hommes.

Le chirurgien-major ayant demandé des voitures et une escorte pour transporter les blessés, MM. Degousée, Féline et Lasnier convinrent avec le régiment qu'il joindrait six hommes à un nombre égal de gardes nationaux, pour former l'escorte. Elle se mit immédiatement en marche, avec les blessés, sous la conduite de l'intrépide Higonnet; mais, chose horrible, ces généreux citoyens furent attaqués par les Suisses, en arrivant sur la place du Louvre.

Partout, les Suisses montrèrent la même brutalité, et cependant vous savez avec quelle généreuse humanité les vainqueurs se sont conduits avec eux.

Bientôt le régiment consentit à se retirer dans

sa caserne, et les barricades furent formées, à peu près, dans ce moment, sur trois cents points, à la fois.

Dans une autre place, où le capitaine Miel venait d'être tué, M. Tourzel, à la tête de cent hommes, forçait le 15ᵉ régiment à battre en retraite.

M. Adrien Féline, en uniforme d'officier de chasseurs, eut le courage de s'introduire dans les rangs de deux régimens, et de continuer à les haranguer, sans s'effrayer ni des menaces, ni des dangers.

Vous admirez un tel dévouement... Eh! bien, il est demeuré sans récompense.

Il en est arrivé autant à M. Pitre-Lavech, officier de cavalerie extrêmement distingué. Deux cuirassiers, qui s'étaient battus contre le peuple, ont obtenu, sous ses yeux, le grade qu'on lui a refusé, quoiqu'il y eût droit, moins encore par quatorze ans de service, que pour avoir passé, avec trente-quatre cavaliers, du côté du peuple; action pour laquelle il eût été fusillé si la victoire fût restée à la tyrannie.

Le 29, à cinq heures du matin, M. Degousée, profitant de l'absence du colonel, traitait dans la caserne avec un bataillon du 5ᵉ de ligne. A six heures, les citoyens s'étaient distribué partie de ses armes et de ses munitions, et des postes avaient été établis pour garder les issues de la caserne.

A cinq heures et demie, M Degousée obtenait du général Pajol l'acceptation du commandement de l'armée parisienne.

A huit heures, M. Degousée dirigeait le feu, rue de Richelieu, contre les artilleurs de la garde royale.

A dix heures, après avoir pressé les députés réunis chez M. Laffite (1), de rédiger, en hâte, la commission du général, il accourait en une autre place pour sauver la vie à un officier royal, que le peuple voulait mettre en pièces.

La circonstance a offert des particularités que je ne veux pas omettre.

M. Degousée ayant perdu, par excès de fatigue, l'usage de la parole, au point de ne pou-

---

(1) La conduite de M. Laffite a été véritablement admirable, dans les jours des plus grands dangers. Son hôtel n'a cessé d'être ouvert aux députés, et à tous venans. Il a été le quartier-général des combattans, qui y ont trouvé tout ce qu'il était possible de leur offrir, en vivres, en rafraîchissemens. On peut même dire que le nouveau Gouvernement avait été établi chez M. Laffite, avant qu'il allât siéger à la Ville; et il n'est personne qui n'ait parlé du courage calme et froid que ce banquier a soutenu durant toute la terrible crise, qui en a effrayé tant d'autres.

voir se faire entendre à quelques pas de distance , un citoyen, placé à son côté, sur le balcon, répéta si vite, si exactement, avec tant d'intelligence, chacune de ses paroles, qu'à peine le débit de la harangue fut interrompu. Ce qui vous offrira une nouvelle preuve de la raison, de la généreuse sensibilité, de notre bon peuple, il couvrit de bravos un discours qui, en toute autre occasion, lui eût paru ridicule, et le rassemblement le plus furieux redevint, en quelques minutes, aussi paisible qu'humain.

Ce fait, quoique isolé, est digne de la plus sérieuse attention ; et il m'offre une remarquable occasion de comparer deux grandes époques, dans lesquelles le peuple s'est montré si différemment.

En 1830, il s'est soulevé spontanément, et si inopinément, si vite, que l'atroce faction n'a osé, ni pu, jeter dans ses rangs des émissaires, des provocateurs au crime, au meurtre, à l'incendie ; et le peuple est resté lui-même, c'est-à-dire excellent.

A l'autre époque, le soulèvement avait été préparé de longue main. Les conflagrateurs, les agens de Monsieur, ses orateurs de tréteaux ; ses désorganisateurs, ses furibonds, payés, ou exaltés, avaient déjà été distribués dans les rangs du peuple , et savaient d'avance leurs divers rôles.

Au moment du soulèvement, et même avant qu'il ne commençât, ils exaspérèrent les bandes d'une populace déjà préparée, autour de laquelle la multitude honnête fit foule naturellement, mais sans partager ses atrocités. Or, il est remarquable qu'on vit toujours *les mêmes* monstres à la tête des massacreurs, qui ne furent jamais qu'en très petit nombre ; et qu'ils eurent un caractère de ressemblance si exacte avec les *Trestaillons*, les *Truphemy*, etc., dont vous lirez ailleurs les horribles crimes, qu'il faut fermer les yeux à la lumière, pour ne pas se sentir convaincu que les uns et les autres servirent les mêmes intérêts ; qu'ils furent les instrumens des chefs de la même faction.

Mais revenons aux faits.

M. le docteur de Laberge ayant appris qu'il existait à l'hôtel Polignac un trésor de 8 millions, dissipa le rassemblement qui déjà l'entourait, et laissa l'hôtel sous une forte garde.

Je ne connais que bien peu d'hommes qui réunissent, au même degré que le docteur, l'énergie inébranlable, l'habileté dans les combinaisons d'un plan , et la fermeté dans l'exécution.

Il a joué, comme médecin, et dans la formation des ambulances, pour les blessés, un rôle extrêmement éminent ; j'ajoute que c'est lui qui, le premier, a discipliné les colléges électoraux, et organisé, par conséquent, leurs victoires.

Ce fut M. Degousée qui s'empara d'environ 3 millions, appartenant à l'ex-Dauphine. En les conduisant, durant la nuit, à la commission municipale, il fut plusieurs fois enlevé de son cheval ; on tira quelques coups de fusil sur lui, à moins de vingt-cinq pas, comme sur un royaliste, et, ceux qui ne connaissent pas son énergie pourraient dire que, dans cette circonstance, il ne sauva que par miracle sa personne et le trésor.

En comprenant la valeur de sa prise à Rambouillet, on peut assurer qu'il a conquis, ou sauvé, et remis au Trésor, près de 100 millions de francs.

Son audace, sa précision, sa rapidité d'exécution dans les nombreuses missions qu'il a remplies, avaient tellement excité l'intérêt de ceux qui connaissaient sa conduite, qu'ils avaient résolu de lui offrir une épée d'honneur. La liste des souscripteurs était déjà nombreuse, et le Palais-Royal en avait fourni plus d'un. « Je n'ai fait que mon devoir. Sur tous les points il s'est trouvé des citoyens qui ont fait autant que moi, » a-t-il dit, en déchirant la liste, et en exprimant son refus.

Un excellent patriote, député de l'élite, dans les jours où une défaite eût mené certainement à la potence, M. Audry de Puyraveau se rappela heureusement qu'il existait dans ses magasins de vieilles armes, rouillées, mais en assez grande quantité; il les distribua, et elles ont été d'une extrême utilité.

M. Poque, envoyé en parlementaire à Rambouillet, se présente devant les avant-postes, qui le menacent de tirer sur lui, s'il ne se retire. En se croisant les bras, il crie aux Suisses : « Osez être assez j. f. pour faire feu sur moi. » A ces mots quarante coups de fusil atteignent son cheval et celui de son ordonnance ; une balle lui fracasse la jambe, et l'amputation partielle du pied a été faite, pour lui sauver la vie.

L'ennemi tenait, depuis soixante heures, dans le Palais-Royal; impatientés de sa résistance, MM. Higonnet, Domers, Savalette, Moutardier et un citoyen inconnu escaladent les grilles, et ces braves le font capituler. L'inconnu a été tué; les autres vivent, dieu merci; mais M. Domers a reçu une balle dans l'intérieur du corps, et M. Moutardier une blessure grave, dont il demeurera estropié.

M. Adolphe Florion, blessé à la jambe le 28, a continué à combattre à pied, et, résistant à toutes les instances de ses amis, il n'est rentré chez lui qu'après avoir pris part aux combats du Louvre et des Tuileries, qui ont terminé la glorieuse journée du 29 juillet.

Benjamin Constant était à la campagne, où il

venait de subir une opération très douloureuse. La plaie saignait si abondamment, que le chirurgien lui ordonna de garder la chambre, lui déclarant que les secousses d'une voiture, et plus particulièrement la moindre marche à pied, lui occasioneraient une hémorrhagie probablement mortelle. Mais il entend la fusillade, le bruit du canon ; et s'indignant de ne pas être présent sur la scène des dangers, il fait chercher partout un cocher qui ait le courage de le transporter à l'une des barrières de Paris ; et, à la fin, il s'en trouve un qui le conduit à Montrouge, d'où il s'achemine vers la rue Taranne, à travers les barricades ; de là il se rend à l'Hôtel-de-Ville, puis chez M. Laffite, et il revient coucher rue Taranne, toujours à pied !!!

Je finirai cette lettre en vous citant deux véritables héros-ouvriers.

M. Alexandre Hourdel (rue Neuve-Saint-Sauveur, n° 27) a commencé sa première journée par tuer un garde royal. Avec cinq hommes seulement, il a désarmé le poste du Château-d'Eau, et, dans un autre engagement, son petit peloton a tué sept hommes ; ensuite, au lieu de rentrer chez lui, il s'est constitué de garde à sa mairie, durant toute la nuit.

Le 29, il s'est porté, avec sa légion, sur l'Hôtel-de-Ville, et l'ennemi en ayant déjà été chassé, il a couru se mesurer de nouveau, avec lui, au Louvre, où il est entré l'un des premiers, par un escalier, sous le guichet. Un Suisse lui barrant le chemin, il l'a tué, et ce poste ennemi a été détruit en entier par les camarades de M. Hourdel, accourus à son aide.

Craignant pour les jours du prince lieutenant général, il n'a pas quitté, un instant, le Palais-Royal, depuis le jeudi jusqu'au dimanche.

Au premier appel pour l'expédition de Rambouillet, il est immédiatement accouru au rendez-vous de son quartier.

M. Clausolle, portier et cordonnier (rue Neuve de Laborde, n° 1), avant midi, et à la tête de quelques hommes, à peine armés, avait pris et désarmé le poste de la Grange-aux-Belles et ceux de Saint-Louis et du canal Saint-Martin.

De là, à la tête de cinquante-deux citoyens, qu'il venait d'armer, il fit battre en retraite, du faubourg du Temple vers le boulevart, cent hommes du 3° de la garde.

Près de la place de l'Hôtel-de-Ville, il s'était embusqué derrière une cheminée, sur un toit, d'où il avait déjà tué plusieurs Suisses. On pointa contre lui une pièce de canon, la cheminée fut renversée, et avec elle M. Clausolle, qui, grâce à un matelas, dont il s'était fait un bastingage, tomba, d'une très grande hauteur, sans se briser aucun membre. S'étant porté, immédiatement après sa chute, sur les boulevarts, il y tua deux hommes de la garde royale, et ce ne fut qu'après qu'elle fut mise en déroute que son estomac lui cria qu'il n'avait rien mangé depuis douze heures ; mais malheureusement dans ces combats il avait perdu vingt-cinq de ses amis.

Quand on sait que les Bourbons prodiguèrent tous les grades militaires (et même ceux d'officiers-généraux), les cordons, les pensions, les titres de noblesse, etc., à leurs héros de grandes routes, à leurs assassins, sous cocarde blanche, il paraît passablement ingrat, et même indécent, que ces héros du drapeau tricolore, se retrouvent dans la condition obscure où ils vivaient avant le triomphe national, auquel ils ont pris une si noble part. Or, ce que je dis ici de deux citoyens, pourrait être dit de quelques centaines ou milliers d'autres, non moins dignes qu'eux peut-être.

Que si vous voyiez, comme nous, mes amis, tant de places, ou grades accordés ou laissés, à des jésuites de robe courte, à des ennemis connus du peuple et de la liberté, vos âmes justes et généreuses se révolteraient d'un tel contraste.....

Il faut croire que justice entière finira par être faite des uns et des autres ; car ce serait à n'y pas tenir ; et l'on manquerait au devoir, si l'on n'accusait pas sérieusement.

DEUXIÈME LETTRE.

*Situation des partis et dangers de la France
après la victoire de Paris.*

Les moyens de la défense *intérieure* de Paris
ayant été complétés; chaque maison, couverte
par des barricades, et approvisionnée de grosses
pierres, formant une petite citadelle, capable de
soutenir un siége de quelques heures, contre des
assaillans qui ne pouvaient qu'à peine s'en appro-
cher, et qui n'auraient pu ni se développer, ni
employer l'artillerie, l'ennemi avait perdu l'espoir de rentrer dans l'enceinte de la capitale; à
moins qu'il ne la réduisît en cendres, auparavant;
car les intrépides Parisiens, qui venaient de braver, pendant deux jours, la mitraille et les charges
de la cavalerie, sans avoir ni officiers, ni armes,
ni concert, ni ordre, se trouvant alors, en grande
partie, armés, cent mille hommes aguerris, s'ils
eussent osé les attaquer de nouveau, n'auraient
pu pénétrer dans l'intérieur, ni même se mainte-

3..

nir dans les positions dont ils auraient pu momentanément s'emparer, *intrà-muros*.

L'exemple donné par quelques régimens de la ligne, passés du côté de la patrie ; les pertes considérables qu'avait éprouvées la garde ; la modération, la généreuse humanité des vainqueurs, leurs discours fraternels ; leur respect pour le courage et l'infortune des vaincus, leurs soins pour les blessés ; enfin, ce sentiment inné d'horreur qu'éveille dans l'homme l'ordre de verser le sang de ses concitoyens, et la stupeur ou l'admiration que tant de bravoure et d'intrépidité inspiraient à la garde royale, avaient répandu dans ses rangs, et surtout parmi les soldats, l'indécision, la lassitude, le dégoût, et l'on pouvait prévoir que, tôt ou tard, ils imiteraient l'exemple patriotique que leurs camarades de la ligne venaient de leur donner, si on les ramenait au combat, dans Paris.

C'était avoir déjà obtenu d'immenses résultats militaires et moraux, mais ce n'était pas assez.

Les hommes les plus modérés, et même les plus indifférens, en apparence, ou par égoïsme, à la longue série des violences et des iniquités de la tyrannie, s'étant enfin aperçus que leur salut était désormais inséparable de celui de la patrie ; que, s'ils triomphaient, les Bourbons renouvelleraient les boucheries humaines, les proscriptions, les confiscations de leur Robespierre (1), les timides, les peureux eux-mêmes, comptaient alors parmi les braves, et ceux mêmes qui n'avaient pas encore combattu se seraient précipités furieux sur l'ennemi, s'il s'était montré de nouveau.

Renonçant aux insignifiantes protestations, aux négociations et aux demi-mesures, les députés, présens à Paris, s'étaient élevés à la hauteur des circonstances, et, convaincus qu'à eux seuls appartenait le beau rôle de consolider les résultats de la plus étonnante victoire, ils avaient déclaré le trône vacant, formé un gouvernement provisoire, et appelé M. le duc d'Orléans à la lieutenance générale du Royaume.

La prompte arrivée de ce prince, sa franche et patriotique acceptation des rênes de l'État, acceptation courageuse, puisqu'elle le conduisait à l'échafaud, et amenait la ruine, la destruction de sa famille, si le succès ne couronnait pas l'entreprise, qui, comme vous le verrez bientôt, était loin encore d'être terminée; enfin, le ralliement spontané et sincère des napoléonistes et des républicains au gouvernement du prince, ve-

---

(*) Un capitaine du 3ᵉ régiment de la garde, avec lequel parlementait M. Degousée, lui avait adressé, avec une sorte de frémissement, ces paroles : « Soyez vain-
» queurs, ou pas un de vous n'échappera. »

naient de raffermir momentanément l'ordre social, menacé d'une prompte dissolution, aux suites de laquelle on ne peut penser, même aujourd'hui, sans frémir.

Je ne vous ai dissimulé aucun des avantages, aucun des grands moyens que venait de conquérir le parti national ; eh bien ! il n'était pas un homme de guerre ; il n'était pas un homme d'état ou un citoyen expérimenté et prévoyant, qui ne sentît, et ne fût convaincu, que la question de notre indépendance n'était pas décidée, et qu'il restait à l'assurer, par un dernier, par un prompt, et peut-être très sanglant, triomphe, sans lequel la France serait inévitablement plongée dans une guerre civile, horriblement destructive ; et que, si elle se prolongeait, elle ne manquerait pas d'amener plus d'une intervention étrangère.

En effet, quelqu'un douterait-il que plus d'un cabinet, qui désavoue aujourd'hui son pacte secret avec nos tyrans, ne se fût empressé de les secourir si, moins imbécilles et moins lâches, ils avaient pris la résolution de combattre, au lieu de s'enfuir.

Invincibles dans leurs murs, les Parisiens ne pouvaient entrer en campagne ; ils étaient mal armés, sans discipline, sans organisation militaire.

Vincennes tenant pour la tyrannie, ils manquaient totalement du matériel de la guerre, et n'avaient pas de cavalerie.

Étroitement unis dans les jours du combat, parce que l'intérêt de la patrie et l'exaltation des vertus publiques avaient banni, de leurs rangs, les vanités, les ambitions, les rivalités et les intérêts personnels, ces derniers eussent bientôt été éveillés et excités par les agens de la tyrannie.

Ceux qui n'ont pas fouillé, l'obscur laboratoire dans lequel furent préparés tant de conjurations, tant de complots de désorganisation et d'anarchie; ceux qui n'ont point été initiés, comme je l'ai été, à la connaissance des infernales machinations des Bourbons et de leur faction; la foule, qu'ils ont tant, et si constamment, abusée, qu'elle n'a pu encore se laisser convaincre que cette horrible famille fût le *seul* et *unique* artisan de tous les excès, de toutes les atrocités de la révolution, ceux-là pourront douter de mon assertion; mais qu'ils expliquent donc comment, aujourd'hui même, les provocateurs pullulent dans les rangs populaires; d'où viennent l'agitation, les désordres, tant de fois renouvelés à Paris, et cette fermentation subite des esprits dans le midi, lorsque tout fut ordre et vertu durant les journées du combat; lorsque la population entière ne soupire que pour la paix et pour le bienfaisant règne des lois.

Si les anciens factieux sont loin d'avoir abandonné la partie, quoique leurs chefs soient à ja-

mais expulsés et couverts d'ignominie ; quoique
le trésor ne puisse plus alimenter leurs complots,
ni récompenser les crimes; s'ils ont réussi à faire
conserver, ou mettre en place une nuée de leurs
affidés et de leurs instrumens, et à faire tellement
dévier, à paralyser, à arrêter si fortement la révolution, dans sa marche, que les départemens, encore bien plus que la capitale, doutent si le généreux sang parisien n'a coulé que pour obtenir un
changement de ministère ; si les coteries et le né-
potisme, si la plus impudente avidité de places et
d'argent, se sont développés de manière à ébran-
ler, en partie, la confiance dans la haute administration ; si la nation attend encore, avec im-
patience, la refonte de la pairie, de la magis-
trature et d'une chambre élective, dans laquelle
elle ne compte pas cent membres comme ses vrais
représentans ; si l'arrêt d'expulsion des jésuites
reste comme non avenu ; si les couvens et les
ignorantins, si les petits séminaires subsistent
toujours ; si, dans une multitude de places,
on trouve encore tant d'infection jésuitique et
contre-révolutionnaire ; si la haute administration
n'a pas encore songé à proposer la révision des
dons considérables, et si multipliés, que les jésuites ont extorqués aux familles ; si, sur mille
points, l'élan patriotique est toujours comprimé,
par la crainte que lui inspire l'ancienne faction ;

jugez dans quel chaos nous nous serions trouvés ; combien de partis rivaux eussent déchiré le sein de la patrie, si un coup de foudre n'avait anéanti les restes de l'organisation royale de nos implacables ennemis.

Nos artisans, nos ouvriers héroïques avaient pu abandonner ateliers, travaux, famille, pour combattre, à leur porte, pendant deux ou trois jours ; mais il eût été impossible de prolonger les services de leur dévouement, pendant des semaines, pendant des mois, peut-être, loin de tous les êtres dont ils étaient les uniques soutiens. Non-seulement on aurait eu à les habiller, à les solder, à les nourrir ; mais il eût fallu aussi entretenir quelques cent mille individus qu'ils eussent laissés sans ressources. Comment eût-on fait face à de telles dépenses, ajoutées à celles de la guerre, lorsqu'une partie du royaume eût été dans la possession de nos tyrans ; lorsque l'argent et le crédit auraient disparu à la fois ; lorsque tous les liens de l'administration eussent été relâchés, ou sans force ?

Il serait impossible de montrer, dans toute leur étendue, les maux que la prolongation des hostilités eût causés, en arrêtant les transactions, les affaires commerciales ; en ébranlant l'État jusque dans ses fondemens ; en propageant la démoralisation, la désunion, les habitudes de pillage, les vengeances et l'assassinat.

Considérons maintenant les moyens qui restaient à l'ennemi.

Ne pouvait-il développer, tout à coup, dans Paris, si on lui en laissait le temps, l'horrible système incendiaire qu'il suivait, depuis plusieurs mois, dans les pays de l'ouest, où il avait organisé l'insurrection des sans-culottes royaux ? Deux cents misérables n'auraient-ils pu mettre en feu la capitale ? et les barricades, élevées pour sa défense, n'eussent-elles pas empêché l'emploi des moyens suffisans pour arrêter les progrès d'un vaste incendie, allumé subitement, au commencement de la nuit ?

Nos tyrans ne pouvaient-ils convertir Paris en un monceau de cendres et de ruines, en le bombardant, en y lançant obus et fusées, des hauteurs qui le dominent du côté du nord ? ou, après en avoir détruit une partie, leur eût-il été impossible de forcer la population riche, pour conserver le reste, à se soumettre au duc de Bordeaux ?

Ils pouvaient, et même aujourd'hui on se demande comment ils n'y ont pas eu recours, faire une guerre de temporisation, et prendre des positions, d'où ils auraient continué à menacer Paris, à interrompre ses communications et à fatiguer sa population entière.

Ils pouvaient former, dans quelques jours, une *chouannerie*, à l'instar de celle de l'ouest, c'est-à-dire couvrir le pays des brigands que la police tenait à sa solde, par milliers, et dont le nombre se serait promptement accru de tous les voleurs de profession, s'ils les avaient autorisés à piller, à leur profit, toutes les provisions dirigées sur la capitale; à détruire les chevaux, les charrettes et les bateaux; à incendier, ou à exécuter militairement, les villages qui se seraient soulevés.

Ils auraient pu trouver dans leurs séminaires, et parmi les jésuites, d'autres Jacques Clément, d'autres Ravaillac, qui, par fanatisme et pour mériter la couronne éternelle, auraient entrepris de poignarder le prince lieutenant général; ou bien, en mettant sa tête, secrètement, au prix de quelques millions, ils auraient pu le faire assassiner. L'on frémit en songeant aux probabilités du succès de leurs abominables tentatives, quand on sait combien le prince fut toujours abordable, et que, même depuis qu'il est roi, on ne peut obtenir de lui qu'il interrompe entièrement ses imprudentes promenades dans Paris, sans suite et à pied. Or, est-il quelqu'un qui pût dire, même aujourd'hui, de quels affreux désastres l'assassinat du prince eût été suivi?

Eh! ne dites pas, mes amis, que les Bourbons et leur faction, que les jésuites et leurs sicaires, ont reculé devant de telles propositions, ou qu'elles

les auraient révoltés. Lorsque j'aurai publié mes Mémoires, vous aurez l'irrésistible conviction que leur scélératesse se complut toujours dans l'habitude des massacres ; qu'ils se firent toujours un jeu, et souvent même délices, de toutes les sortes d'atrocités, et que les plus monstrueux forfaits ne leur coûtèrent ni un effort sur eux-mêmes, ou la moindre hésitation, ni un remords.

Leur épouvante, leur stupidité, leur couardise *seules* les ont empêchés de concevoir, d'agir et de pousser leur férocité naturelle jusqu'aux abominables excès que je viens d'énumérer.

Après l'évacuation de la capitale, il restait à ses portes, sous les drapeaux de la tyrannie, douze mille hommes d'excellentes troupes, dont la moitié, et spécialement quatre mille chevaux, ainsi que les gardes du corps, n'avaient pas été engagés.

On avait appelé d'Orléans un régiment de Suisses, qui, comme les deux ou trois mille échappés aux combats, devaient naturellement avoir le brutal désir de venger leurs compatriotes du 10 août 1792, et ceux qu'ils venaient de perdre dans Paris.

Ayant trente-six pièces d'artillerie légère et tous les arsenaux en leur possession, nos tyrans pouvaient se fortifier, se rendre inattaquables, dans telles positions qu'ils auraient choisies.

Alors, la guerre changeant tout - à - fait de nature, puisqu'il eût fallu la faire hors des murs,
et d'une manière régulière, toutes ses chances
eussent été défavorables aux Parisiens. En effet, in-
capables de manœuvrer et manquant d'artillerie,
de cavalerie, ils eussent manqué également et de
moyens d'attaque, et de moyens de compléter
telle nouvelle victoire qu'ils auraient due au nombre et à l'intrépidité.

Jusqu'alors, la garde royale n'avait éprouvé
aucune défection importante, et continuait à se
tenir en ligne. Ses officiers supérieurs, surtout, devaient s'attendre, à être licenciés, à perdre leur état
et leur avancement, à se trouver en butte aux reproches violens et à l'indignation de leurs concitoyens. Il était donc très à craindre que, faisant
désormais la guerre en désespérés, en braves qui
ont à faire oublier leur défaite par une victoire
signalée, ils ne réussissent à exalter l'esprit de la
troupe. Ils pouvaient aussi la séduire par l'appât
du pillage et d'une part dans la dépouille des
vaincus, ou l'exciter par les boissons spiritueuses
et par les prodigalités d'argent.

Le camp de Saint-Omer, fort de huit mille
hommes; celui de Lunéville, qui se composait
de trois mille chevaux; les garnisons de Caen,
de Rouen, de Chartres, etc., qui pouvaient former environ quatre mille hommes, dont sept cents

cavaliers, étaient déjà en mouvement, et se rendaient, à marches forcées, sur la Loire, dit-on, où elles auraient été renforcées par l'école d'équitation de Saumur, par les troupes de tous les départemens du centre et de l'ouest.

Si l'on n'eût pu réussir, comme je le crois, à soulever la Vendée proprement dite (à la gauche de la Loire, qui lui sert de limites), on n'eût pas été impuissant sur la rive droite et dans l'intérieur des ci-devant provinces de Bretagne et d'Anjou. Les anciens chouans, qui, depuis 1815, avaient été constamment soldés, en secret, par la faction contre-révolutionnaire (1), se fussent immédiatement soulevés, et en grand nombre, aussitôt que l'armée de ligne se serait ap-

---

(1) Depuis 1815, on avait formé, parmi les paysans bretons, une masse considérable de militaires, dans une certaine école de marine, à Lorient, si je ne me trompe pas sur le lieu. Dans cette école, toujours au complet de quatre cents hommes, on exerçait les chouans à la manœuvre, à l'armurerie et à d'autres parties du métier militaire. La faction avait embauché et soldait régulièrement un grand nombre d'anciens soldats licenciés ; et, si l'on se dit qu'une multitude de prolétaires, de voleurs de profession, serait accourue immédiatement dans leurs rangs, on ne me taxera pas d'exagération quand j'évaluerai ces bandes de brigands, de fanatisés et de misérables à vingt mille hommes.

prochée d'eux ; car déjà ils n'attendaient que le signal, ce qui explique l'obstination de Charles X à prolonger son séjour dans l'ouest.

Il était donc plus que probable que, s'ils avaient réussi à se retirer en Bretagne, nos tyrans y auraient réuni une armée, régulière ou irrégulière, de soixante mille hommes au moins, avec laquelle, il est vrai, ils n'auraient pu conquérir la France ; car était-il des armées qui pussent soumettre une nation au sein de laquelle on ne trouvait qu'une poignée de *grands* vils et dégradés, et à peine cent mille hommes de sac et de corde, qui ne portassent pas une haine plus ou moins forte à l'odieuse famille qui, se trouvant placée par l'étranger dans l'alternative d'être ingrate envers lui, ou traître envers la patrie, avait choisi, et joué sans interruption, ce dernier et infâme rôle ? Cependant, de telles forces eussent suffi pour prolonger une sanglante guerre civile, dans un pays en libre communication avec la mer, où les forêts, où l'innombrable quantité des haies et des fossés, où le petit nombre des grandes routes, et l'état détestable des chemins de traverse, où l'ancienne habitude et l'expérience des chouans, dans la guerre de partisans et de tirailleurs, eussent doublé les moyens effectifs.

Nos tyrans auraient pu appeler près d'eux, à coup sûr, la majorité de la Chambre des Pairs, et leur conseil d'État. Ils auraient pu former une nouvelle chambre *introuvable*, et constituer un gouvernement, dont les actes et les lois de sang eussent servi leurs projets.

Les diamans et les bijoux de la couronne ; les revenus des ci-devant biens nationaux , qu'ils se seraient fait payer, assurément, comme le firent les chouans, durant les premières guerres civiles ; la spoliation et le pillage des patriotes, la confiscation de leurs biens, des emprunts forcés, auraient alimenté leur trésor. Et, s'il est vrai, comme beaucoup de gens l'assurent, que les Bourbons aient placé dans les fonds étrangers plus de 100 millions de francs, on voit que, sous le rapport des finances, si elles n'avaient pas été dilapidées, ils se seraient trouvés dans une position passablement redoutable.

A leur arrivée dans l'ouest , toutes les chaires auraient retenti de cris aux armes. Aidés par la violence des bandes déjà levées, les prêtres, comme au temps de la république, auraient recruté, jour et nuit, de nouveaux soldats, en les fanatisant, ou, en les forçant par la terreur à servir contre leur pays. Enfin, les prêtres eussent semé la discorde dans les familles, arboré leur ancienne bannière de croisés, béni les armes , commandé, de toutes parts, et sanctifié les massacres.

Déjà, dans une grande partie de l'ouest, par l'incendie des habitations, et des moissons; par des menaces effroyables et des entreprises d'une audace qu'on trouve extraordinaire, même quand on a, comme je l'ai, la certitude qu'elles étaient autorisées et soldées par la tyrannie, on avait répandu la terreur dans toutes les campagnes.

Les récoltes commencées et les travaux très prolongés qu'elles exigent, parce qu'on bat les grains en plein air, au sortir des champs, et l'impossibilité d'interrompre ces travaux, auraient paralysé le patriotisme de la population, et empêché, ou beaucoup diminué sa levée en masse; circonstance qui ne me permet pas de douter que la tyrannie n'eût choisi, à dessein, cette époque de l'année, pour avoir moins à craindre le soulèvement des campagnes.

Des nuées de mouchards, de provocateurs, ici au nom de la république, là sous celui du jeune Napoléon; l'ancien système de discorde, d'anarchie, de désorganisation, suivi par Robespierre, par ses proconsuls, ses clubistes, ses comités révolutionnaires, et par la commune de Paris (qui ne furent que les instrumens des exécrables tyrans auxquels la France a dû tous les fléaux dont elle fut inondée, à tant d'époques); les assassinats à domicile, l'enlèvement des patriotes les plus redoutables, tout eût été mis en jeu pour bouleverser la France; ce qui eût été d'autant plus prompt, et plus

4

facile, que tous les agens étaient, depuis long-temps, organisés et distribués à leurs postes. Or dans un moment d'effervescence générale, les passions n'ayant plus de frein, n'auraient eu besoin que d'être exaspérées ou séduites, pour généraliser, sous la direction invisible des jésuites, la désunion, les méfiances, les calomnies, les rivalités, les haines, les vengeances, et finalement le chaos.

L'érection des potences, l'activité des cours prévôtales et leurs actes d'atrocité, eussent poussé les patriotes à de sanglantes représailles. Les traîtres auraient bientôt pullulé parmi eux, parce que, ne connaissant pas la perfidie, l'hypocrisie, l'habitude du parjure, et les innombrables masques dont leurs ennemis se servirent toujours contre eux, les patriotes en auraient été, mille fois, les dupes. Finalement, et suivant le vieil usage, le même peuple dont toute l'Europe ne prononce aujourd'hui le nom qu'avec admiration et enthousiasme, et dont la ligue des oppresseurs elle-même respecte la modération, la sagesse, la généreuse humanité et la magnanimité (en le couvrant de ses anathèmes), ce même peuple, comme celui de la fin du dix-huitième siècle, eût été dénoncé par les seuls artisans de ses excès, comme une horde de vandales et de cannibales.

Après m'avoir si souvent entendu repousser

les odieuses accusations proférées contre mes vieux contemporains, accusations dont la France elle-même s'est faite l'écho, vous ne vous étonnerez pas, mes amis, que j'aie saisi cette occasion de glisser quelques mots en défense des Français du dix-huitième siècle, qui, assurément, n'eussent pas mérité moins d'admiration que ceux de 1830, s'il n'avaient été les dupes de l'horrible faction.

D'après ce que je viens de dire des moyens de nos misérables tyrans, vous vous figurerez, sans peine, quels maux eussent affligé les départemens méridionaux, où, en 1815, *Vitrolles* et ses co-désorganisateurs avaient tellement combiné et préparé leurs mesures de sang, que ce saltimbanque de Charles X me répondit, lorsque je lui annonçais, le 6 juillet, de la part de la famille du général de Caen (commandant environ trente mille hommes, à Toulouse et dans les pays voisins), que ce général offrait de se soumettre : « Il s'agit » bien de se rendre, de faire une soumission ; à » l'heure que je vous parle, ils sont tous égor- » gés !!! » J'imprimai ce fait, en 1818, dans une note de mon *Petit livre à 15 sous, par le père Michel,* sur lequel, comme de raison, s'élancèrent les chacals judiciaires Bellart et Marchangy, qui en dictèrent la condamnation aux juges-commissaires de l'époque.

4..

Dans cette partie de la France, les incendies, le pillage, la destruction, les égorgemens *privi-légiés*, exécutés par les massacreurs *inviola-bles* et soldés des Bourbons, furent portés à un tel excès, à une telle frénésie, et eurent une si longue durée, que les protestans anglais envoyèrent sur les lieux plusieurs de leurs ministres pour constater des horreurs auxquelles on se refusait à croire au-delà du détroit, et pour solliciter l'intervention de votre gouvernement en faveur des victimes.

Il suffit donc de se rappeler les atrocités impunies, favorisées et commandées dans nos départemens méridionaux, en 1815 et 1816, pour frémir des maux plus grands encore, et du sang qui eût inondé ces beaux pays en 1830, si une guerre civile et religieuse y eût éclaté.

Comme ce que je viens de dire de l'ouest et du midi pourrait vous donner à croire que le nombre des patriotes y serait moindre que celui des prétendus royalistes, erreur qui ne serait pas moins grossière que celle de nommer tout un peuple assassin, parce qu'il en renfermerait quelques milliers dans son sein, je dois vous donner des explications qui ne vous permettront pas de tirer une fausse conclusion de mon exposé.

En France comme ailleurs, quoiqu'en moins grand nombre, je pense, il y a des prolétaires, une populace, plus ou moins nombreuse, de sans-culottes, fainéans, débauchés, indifférens au sort du pays, parce que, n'ayant ni propriété ni industrie régulière, ils n'ont aucune part dans l'intérêt public et social.

Les *chouans* de l'ouest, qu'il faut se garder de confondre avec les bons et braves *Vendéens,* les chouans, comme les *verdets* et les *miquelets* du midi, furent toujours, aux honnêtes royalistes, ce que les sans-culottes de Robespierre furent aux honnêtes républicains. Les uns, comme les autres, ils furent composés des saletés de la population; ce qui devait être, puisque, sous le hideux bonnet rouge, comme sous la cocarde blanche, ils servaient les vengeances et les fureurs des mêmes maîtres.

Chaque fois que les agens de la contre-révolution et des cabinets étrangers appelaient aux armes leurs chefs, ceux-ci formaient les premières bandes avec les plus audacieux voleurs et assassins, de bonne volonté, qu'ils tenaient constamment en réserve, et qui accouraient de tous les points de la France.

Ces premières bandes se grossissaient bientôt du rebut des villes et des campagnes voisines; elles embauchaient les hommes sans aveu, ruinés, avides de pillage, et les ouvriers sans ouvrage, auxquels ne tardaient pas à se joindre, de gré ou de force, les conscrits réfractaires et les déserteurs.

Comme on ne donnait à ces sales ramassis, ni vêtemens, ni alimens, ni solde, ils vivaient à discrétion chez les habitans, et s'abandonnaient, sans frein à tous leurs grossiers penchans. Ils détroussaient les voyageurs et les diligences; ils tuaient le premier venu sur un simple ouï - dire, sur la moindre dénonciation, et même pour servir leurs propres vengeances, ou celles de leurs affidés.

S'agissait-il de piller, il y avait foule. S'il fallait faire une attaque de front, même avec une force de dix contre un, les bandes s'enfuyaient. Leurs grands exploits, tant célébrés, même par M. Châteaubriand, et récompensés avec tant de prodigalité, depuis 1814, consistaient donc à assassiner quelques patriotes sans défense, des soldats épars, ou en petit nombre, dont le sang et les armes avaient été vendus d'avance, par quelques traîtres de la république.

Ce fut à la tête de ces misérables que Bourmont commença la glorieuse carrière qu'il vient de couronner par le pillage des trésors de la Cassauba. Il fit son apprentissage de pillard en dévalisant les diligences, les voyageurs, les patriotes; et, ce qui est digne de remarque, il n'a fait que renouveler, en Afrique, mais sur une bien plus vaste échelle, les royaux brigandages qu'il commit, il y a trente et un ans, dans mon pays, (l'ancienne province du Maine).

Après s'être rendu maître, par surprise et durant la nuit, de la ville du Mans, il y autorisa le meurtre sur les citoyens sans défense, et le pillage d'un assez grand nombre de maisons ; il se recruta des voleurs des prisons, et, en faisant brûler les archives de l'administration, les registres de l'état civil, il jeta dans le chaos une multitude de fortunes et de familles.

Tels furent toujours, partout, et à toutes les époques, les hommes des Bourbons, et tels ils continueront à être, parce que, semblables à leurs maîtres, ils sont, par intérêt et par essence, désorganisateurs, anarchistes, dévastateurs et sanguinaires.

Vous voudriez pouvoir rejeter ces assertions comme des faussetés, ou supposer que j'ai emprunté ces faits aux barbares de l'Orient, ou aux dixième et douzième siècles ; mais je bannirai de votre esprit jusqu'au moindre doute, en vous déclarant qu'ayant eu tous mes biens et mon habitation dans le pays dévasté par ces vandales, j'ai tout vu de mes yeux, et mille fois plus que je ne vous ai dit ; que les *Cœur - d'Acier*, les *Sans-Quartier*, les *Passe-Partout*, les *Brise-Barrière* (tels étaient les noms grossiers et caractéristiques que s'étaient donnés ces héros de la légitimité), commirent nombre d'assassinats sur mes propres domaines; que, fumans encore du sang, qui couvrait leurs mains, leurs vêtemens, leurs sabres ou leurs baïonnettes, je les vis, plus d'une fois, s'asseoir à ma table, et fus forcé de les entendre y raconter les crimes qu'ils venaient de commettre (1).

---

(1) Maintenant je dois vous prouver combien ces brigands royaux ont été honorés depuis 1814.

L'un d'eux, nommé *Châtelain,* dit *Tranquille,* un ouvrier tisserand, auquel je sauvai la vie, par pitié, en 1794, est devenu un riche propriétaire; même, au moment où j'écris, il est encore inscrit sur la liste des maréchaux de camp ..... Pour me prouver sa reconnaissance, il laissa piller, en 1799, mon château, pendant sept jours et six nuits.

L'un de mes parens, un M. *Fouqueré,* ayant une recette des impôts, qu'il percevait depuis douze ans, d'une manière si douce que la population le bénissait, quoique ses chefs déclarassent n'avoir pas un comptable plus exact; ce brave homme ayant été destitué, je réclamai justice pour lui : « Je sais, me répondit le préfet, qu'il est un » très honnête homme et un excellent percepteur; mais » *les chouans ayant tué son père et sa mère, il est im—* » *possible qu'il soit jamais royaliste.... »* Il resta donc destitué, *parce que ses parens avaient été assassinés.*

Votre étonnement redoublera, quand vous saurez que l'homme qui, en 1815, raisonnait et jugeait ainsi, *comme préfet du roi,* avait, *comme sous-préfet de l'empereur,*

Ces détails et les relations que vous trouverez en note, à la fin de cette lettre, vous permettront de juger quelles horribles suites aurait eues, dans l'intérieur, une guerre civile.

Examinons maintenant quels eussent été les résultats au dehors.

On connaît les cabinets qui avaient résolu de resserrer la Grèce, de lui imposer un roi de leur choix ; de reconnaître le misérable Miguel ; d'étouffer partout la liberté de la presse, et de détruire, sur le continent, le système représentatif.

On connaît les intérêts étrangers qui dominaient le gouvernement des Bourbons, et com-

---

et précisément durant l'hiver précédent, poursuivi *les chouans*, avec une extrême furie, et sabre en main !!!

Frère d'un ministre, ce même homme, par l'ordre de la cour, vint se parjurer devant la cour d'assises, qui me jugeait, en 1821, pour haute trahison ; c'est-à-dire que, pour flétrir mon caractère, il déposa, contre moi, sous serment, *tout juste l'opposé des faits* prouvés par sa correspondance, lue immédiatement devant le public, qui tressaillit d'indignation.

Je nommerais ici ce parjure qui, pourtant, n'est, par nature, ni méchant, ni vicieux ; mais son nom ne vous apprendait rien de plus, et il est déjà consigné dans nos mémoires historiques, où les individus, comme les faits, sont livrés au jugement de la postérité.

Ces riens, comme faits, parlent haut, comme preuves.

bien ils étaient précieux, comme instrumens, à ces intérêts.

Le vaste système de l'oppression féodo-aristocratique et monacale, sous laquelle une ligue aussi puissante que détestable retient l'Europe, depuis quinze ans, n'avait, en réalité, d'autre appui que celui des Bourbons et de leur ignoble faction. S'ils tombaient, le système était détruit avec eux.

Il ne faut que jeter les yeux sur les traités de Vienne, de Paris et de la Sainte-Alliance; sur les nouvelles forteresses des Pays-Bas; sur Sarre-Louis et Landau, dans la possession de la Prusse et de la Bavière, et se rappeler les fureurs, les dévastations inouïes, exercées contre nous, en 1815; il ne faut que penser au pacte qui garantit aux Bourbons leur trône dégradé, et aux deux invasions de l'Espagne et de l'Italie, pour avoir la certitude que les Bourbons étaient les agens nécessaires d'une grande coalition, fondée sur la bassesse de leur caractère, et sur la conservation de leur tyrannie, qui, en perpétuant la dépendance de la France, en augmentant son affaiblissement, en étouffant son énergie, eût servi de barrière contre toute régénération sociale de l'Europe, et contre le mécontentement général des peuples.

Tant que la France serait restée sous le joug

des Bourbons et des jésuites, les gouvernemens
absolus n'auraient donc eu que très peu d'efforts
à faire pour se conserver; tandis que si les Bourbons étaient chassés, tout changeait de face immédiatement, et il n'était plus un despote qui
ne fût en danger.

Je pourrais m'étendre très largement sur ce
sujet; peser, un à un, les intérêts spéciaux d'un
grand nombre de cabinets, que j'ai été à portée
de connaître, aussi bien que qui que ce soit, durant ces quinze dernières années; mes propres
opérations au-dehors, et mes intimités avec plus
d'un initié dans les prétendus secrets de la politique, m'ayant permis de connaître, non-seulement le système général, mais de pénétrer dans
ces plates et presque toujours absurdes combinaisons, à l'aide desquelles tant de gouvernemens aveugles se sont follement imaginé qu'ils
enchaîneraient la grande famille humaine, et se
rendraient maîtres de l'avenir. Ce que je ne dis
pas pour exalter mon mérite, en vérité, attendu
qu'il n'y a rien de moins mystérieux que les prétendus mystères des cabinets, pour tout homme
expérimenté, qui a déjà soulevé un coin du mas-
que pompeux, sous lequel les tripoteurs politiques
en imposent à la foule ignorante.

Comme un tableau de la politique d'Europe
serait hors de place dans ce petit écrit, je me

contenterai de vous demander , mes amis , si la plupart des intéressés au monstrueux système de distribution des états et du despotisme général, fondé en 1815 , puis développé successivement dans plusieurs congrès, n'eussent pas embrassé, sourdement ou à découvert, la cause de nos tyrans? s'ils ne les eussent pas secondés par tous les moyens en leur pouvoir ? Je vous demande si votre olygarchie elle-même, et avec bien plus de causes réelles qu'en 1793, n'eût pas tenté l'impossible en leur faveur? si les cordons sanitaires, si les menaces et les démonstrations hostiles n'eussent pas été promptement adoptés ?

Je vous demande si les ambassadeurs *n'eussent pas suivi nos tyrans,* et, par ce seul acte, rangé notre honnête et loyal monarque dans la catégorie des usurpateurs? si cet acte n'eût pas forcé la nation française à s'armer, tout entière, pour soutenir la guerre étrangère, ou même pour la déclarer?

Les petits despotes et les moines de notre voisinage, auraient-ils hésité à envoyer des bandes au secours de la prétendue légitimité? Eh! qui pourrait estimer tous ceux que d'autres alliés, non moins furieux contre nous, mais plus puissans, lui eussent fait passer par mer?

Une crise si violente, nécessitant des mesures extraordinaires, de la part du Gouvernement et

du peuple français, toutes les convulsions de la
république se seraient renouvelées, et l'argent
ayant disparu, à peine eût-on pu payer les impôts, même avec la meilleure volonté de le faire.
En effet, le commerce ayant été immédiatement détruit, et la production étant toujours en proportion
de la consommation, celle-ci se serait trouvée, sur-
le-champ, restreinte au cercle étroit des be-
soins et des nécessités indispensables; le travail
eût donc été suspendu dans le champ de toutes les
industries, et un million de bras eût bientôt été
sans emploi.

Telle était, très probablement, et j'oserais dire
certainement, l'unique expectative de la belle
France, si la guerre civile se fût engagée, c'est-à-
dire si nos tyrans eussent effectué leur retraite
dans l'ouest.

Assurément c'était une grande et admirable
victoire, que celle des 28 et 29 juillet; ses résultats étaient immenses, et jamais on ne louera, on
ne célébrera trop la population intrépide qui
l'obtint, au prix de tant de sang généreux, versé
pour la patrie seule, avec un dévouement, et un
désintéressement populaire dont il n'y eut, et dont
il n'y aura jamais, peut-être, un autre exemple.

Cependant il était, et il sera toujours, incontestable, que ce mémorable triomphe n'avait point
décidé définitivement la grande question de notre

indépendance intérieure et extérieure. Il fallait ou combattre et triompher, de nouveau, et sans aucun délai, ou frapper les tyrans d'une telle et si subite terreur, qu'elle les poussât à chercher leur salut dans une fuite précipitée, et à abandonner leur armée à elle-même. Or, si leur lâcheté était bien connue, et même devenue proverbiale, leur aveuglement, leur orgueilleuse et fanatique obstination venaient de se manifester, de manière à faire craindre qu'on ne pût en triompher que par de nouveaux combats.

En effet, les Suisses avaient déjà fusillé notre brave parlementaire; Charles, qui avait rejeté toutes les propositions des commissaires, persistait à nous imposer l'enfant *miraculeux* de la duchesse de Berry; d'où on devait conclure qu'il avait résolu de combattre de nouveau.

Il s'agissait d'un trône; il croyait qu'il s'agissait aussi de sa vie; et, réduite à la dernière extrémité, sa poltronnerie pouvait le porter à quelque acte de désespoir.

Plus que jamais altérée du sang français; ne prenant conseil que de son orgueil si excessif, et de la furie des vengeances qui brûlaient dans son cœur, notre moderne Frédégonde pouvait forcer son stupide mari à monter à cheval. Un confesseur, ou quelqu'un de ces audacieux *athées-prêtres,* qui sacrifièrent toujours à leur intérêt et sans pitié, aussi bien les rois que les peuples, pouvait commander le martyre, de la part du ciel, au fanatique mannequin royal.

Tant qu'il n'était pas en notre possession, tant que son armée n'était pas débandée, les destinées de la France n'étaient donc ni fixées, ni définitives.

Il y avait à craindre enfin, qu'en massacrant les tyrans, le peuple ne souillât une révolution jusqu'alors si belle, si éminemment modérée et généreuse.

TROISIÈME LETTRE.

Expédition de Rambouillet.

Après vous avoir démontré l'incalculable importance de l'expédition de Rambouillet, et qu'elle seule a mis la France hors de danger, il ne me reste qu'à vous en offrir un précis court, mais extrêmement fidèle; parce que le général Pajol, et M. Degousée, son premier aide-de-camp, m'en ont fourni les matériaux; parce qu'avant de vous transmettre ces détails, je les ai soumis au jugement du brave, et plus que brave, colonel Dufay, qui commandait l'avant-garde.

Le général qui, le *premier*, au moment où la potence n'était pas moins à craindre que les balles et la mitraille de la garde royale, avait accepté le commandement en chef des Parisiens, Pajol, le 3 août à midi, reçut, du lieutenant général lui-même, l'ordre de se porter immédiatement sur Rambouillet, avec les braves de bonne volonté qui consentiraient à le suivre. Il se chargea, sans hésiter, d'un commandement que, sans doute, aucun autre officier général n'avait voulu accepter ; car il n'était plus qu'adjoint.

Suivant toutes les règles et les calculs ordinaires de la guerre, une telle expédition devait probablement se terminer par une catastrophe. Pajol n'ignorait pas que les généraux vaincus sont accusés, jusque dans la tombe, de tous les désastres des expéditions qui leur sont confiées, même quand elles ont échoué par un manque de moyens matériels, et lorsqu'ils se sont fait tuer sur le champ de bataille. Pajol, en acceptant le commandement, connaissait donc ses dangers personnels et même ceux auxquels il allait exposer son ancienne gloire militaire.

Si, restant fidèle à la tyrannie, l'armée royale voulait venger sa première défaite, il courait à une perte certaine ; et même, dans le cas improbable de succès, il n'aurait aucun moyen réel de le poursuivre et de le rendre décisif.

Si l'armée royale se retirait en bon ordre, elle se grossirait chaque jour, et, en s'éloignant de Paris, l'armée citoyenne, qui n'avait ni matériel, ni caisse militaire, ni cavalerie, ni artilleurs, ni vivres, ni discipline, verrait augmenter journellement ses désavantages, et sa faiblesse, la levée des campagnes n'étant point organisée ; enfin, après dix combats heureux, l'armée parisienne serait anéantie, par une seule défaite.

Voilà ce que savait le général Pajol. Voilà ce qui n'avait échappé à aucun homme de guerre, puisqu'aucun ne s'était offert pour ce périlleux commandement, ou pour y prendre part. Toutefois, il n'hésita pas, un seul instant, et, secondé seulement par le colonel, député, Jacqueminot, par le colonel Dufay, aussi braves et aussi dévoués que lui, il vola, plutôt qu'il ne marcha, vers sa dangereuse destination.

L'expédition ayant été complétée sans coup férir, et la couardise, la subite épouvante de nos tyrans, les ayant déterminés à fuir immédiatement, on l'a considérée comme une sorte de course militaire, et même comme une partie de plaisir. Tant d'héroïsme avait éclaté, durant les trois mémorables journées de Paris ; le souvenir en était encore si frais, qu'on ne peut reprocher au public d'avoir jugé légèrement une expédition qui n'a pas coûté un homme aux deux armées ; mais vous vous la jugerez, et l'histoire, très certainement, la considérera d'une toute autre manière. On m'a, d'ailleurs, assuré que l'anxiété fut extrême, et générale, dans Paris, jusqu'au moment où l'on eut la certitude d'un succès dont on devait oublier immédiatement l'incalculable importance.

Vous savez déjà, mes amis, quels étaient les forces, les moyens militaires et les avantages de

l'ennemi; mais je dois entrer dans d'autres détails.

Il était placé sur la lisière d'une très vaste forêt, coupée, en tous sens, par une multitude d'al-
lées droites et larges, ouvertes pour les chasses.
Une telle position offrait donc à l'armée royale,
maîtresse de la ville et du château, et seule capable de manœuvrer, autant de ressources, si le
combat s'engageait, que de désavantages à l'armée parisienne.

La grande route est, sur toute la ligne, d'une
extrême largeur, et l'on ne trouve pas une haie
ou un fossé, soit dans les grandes plaines qui en-
tourent la forêt, soit dans la campagne que traverse le chemin de Paris.

Sans être plus militaires que moi, vous vous
ferez néanmoins une idée juste des désastres qui
seraient survenus, si l'ennemi eût fait usage de
ses quatre mille hommes de cavalerie, et de ses
trente-six pièces d'artillerie légère; car dans un tel
pays il n'eût pas même resté aux Parisiens la res-
source de se défendre, long-temps, en tirailleurs.
Or, ces désastres auraient nécessairement eu lieu,
si seulement l'un des mannequins royaux, étant
monté à cheval, eût commandé à l'armée de marcher; car elle a déclaré que si le tyran, ou son fils,
avait fait mine de combattre, elle eût obéi à tous
leurs commandemens.

5..

Et remarquez, s'il vous plaît, que, dans l'obscurité de la nuit, il eût été très facile aux royaux poltrons de s'évader, après avoir engagé le combat, qui, en se prolongeant, et quelle qu'eût été son issue, leur eût donné le temps de s'enfuir à Chartres, où ils auraient été hors de la portée des Parisiens. Or, s'ils étaient parvenus à gagner cette ville (à vingt-deux lieues de la capitale), ils y eussent trouvé de nouvelles troupes, et la guerre civile devenait inévitable : parce que le général Pajol, même après avoir obtenu la victoire la plus inespérée, n'eût pu atteindre les fugitifs, ni les empêcher de se retirer dans l'ouest.

J'arrive au récit des faits, et de cette téméraire expédition.

Le général, avec l'aide de la police, ayant réuni environ seize cents *omnibus, gondoles,* fiacres et cabriolets, partit de Paris, vers les trois heures, et arriva à Cognières à neuf heures du soir (1), ayant parcouru la distance d'environ treize lieues, avec quinze mille hommes armés et huit pièces de 4, que M. Degousée eut la pensée d'enlever de Saint-Cyr.

---

(1) Je ne puis oublier de vous dire que l'un de vos compatriotes ayant rencontré sur la route un soldat parisien, marchant à pied, le fit monter dans son tilbury et le conduisit rapidement en avant.

Connaissant la prodigieuse supériorité de l'ennemi, et ne se dissimulant aucune des suites déplorables qu'aurait la retraite de l'ex-famille royale sur la Loire, le général sentait que le succès de l'expédition, que le salut de l'armée et de la France elle-même, dépendaient entièrement de sa propre audace. S'il temporisait, la lumière du jour montrerait à l'ennemi le désordre, la faiblesse de sa petite armée, dont la vue ranimerait la force morale de celle de la cour ; si, au contraire, profitant de l'obscurité de la nuit, il venait la menacer audacieusement, il la terrifierait, en lui faisant croire que toute la population de Paris le suivait. C'était avoir bien jugé.

Le général n'accorda donc pas une minute de repos à l'étrange, et presque ridicule, convoi, qui transportait son armée ; et il fit bien : car on a acquis, plus tard, la certitude que, s'il eût pris position à Trapes (deux lieues en arrière de Cognières), ou il eût été attaqué le lendemain, ou, au moins, l'ex-roi eût réalisé son projet de retraite.

Vous voyez pourquoi j'ai dit que Pajol et sa petite armée volèrent plutôt qu'ils ne marchèrent.

Environ dix autres mille hommes suivaient le premier corps d'armée, si l'on peut donner ce nom à une réunion d'ouvriers, d'étudians et de volontaires, tous également brûlans du courage le plus admirable, il est vrai ; mais sans autre organisation que celle du classement de chaque homme dans sa section de la garde nationale ; la totalité des officiers, non compris environ quarante élèves de l'École Polytechnique, suffisant à peine pour former un corps régulier de deux mille hommes.

Or, ce classement ne fut opéré que dans le village même de Cognières, c'est-à-dire en face de l'ennemi ; ce qui prouve dans quel désordre l'armée parisienne s'était élancée, et à quels risques elle eût été exposée, en cas d'attaque.

Le général, avant de quitter Paris, avait envoyé un de ses officiers d'ordonnance, M. Laperche, au-devant des deux mille Rouennais qui marchaient au secours de Paris, en lui ordonnant de courir à toute bride jusqu'à ce qu'il les rencontrât, et de les diriger immédiatement sur la route de Rambouillet. Ayant parcouru cinq lieues en une heure, et trouvé les braves de Rouen, à Saint-Germain , M. Laperche les dirigea sur Rambouillet, et ils marchèrent en si grande hâte, qu'ils arrivèrent sur les dix heures du soir à Trapes, deux lieues en arrière de l'armée, dont ils formèrent l'arrière-garde , sous le commandement du général Excelmans, le seul officier général qui fût venu offrir ses services à Pajol ; ce que je remarque dans l'unique dessein de faire ressortir deux vérités qu'on s'est plu à oublier :

Que l'expédition de Rambouillet était loin de sourire aux hommes de guerre ;

Que le général Pajol, les colonels Jacqueminot et Dufay, les seuls officiers supérieurs qui l'avaient suivi, n'ont eu ni rivaux, ni concurrens en dévouement, dans ce moment de danger.

Ce qui vaut bien la peine d'être publié, à une époque où personne ne semble en avoir conservé le souvenir, puisque j'ai inutilement cherché quelque mention officielle du fait. Et puis, vous savez qu'injustice, qu'ingratitude m'ont toujours tellement affecté, que, comme par instinct, je me suis rangé, dans toutes les circonstances, du côté de ceux qui en ont été l'objet.

Vous devez savoir encore que le général Pajol quitta Paris avec la pensée qu'il n'y rentrerait pas avant dix jours, et que, si Raguse ou le général Bourdesoulle n'avaient pas oublié leur ancien métier, lui et son armée seraient taillés en pièces.

En arrivant à Cognières (deux lieues de Rambouillet), le général ordonna la formation immédiate d'un camp à la romaine, c'est-à-dire qu'il couvrit l'armée avec les voitures qui l'avaient amenée. Il expédia aussi, en toute hâte, une avant-garde de six cents hommes, sous le commandement du brave, et plus que brave, colonel Dufay, en lui ordonnant de faire halte à moitié chemin de Rambouillet ; d'y prendre, et d'y garder position, jusqu'à ce qu'il y reçût de nouveaux ordres. Que si, à deux heures du matin, il n'en avait pas reçu, il se porterait alors en avant et commencerait l'attaque. Il ajouta qu'il s'en rapportait à lui, et certes avec raison, sur le choix et l'audace des moyens, ainsi que pour tout ce que les circonstances lui commanderaient de faire, s'il pénétrait dans le château ; mais en lui enjoignant de faire respecter les jours de ses prisonniers. Toutefois il est fort douteux que cet ordre eût été exécuté, sur l'ex-famille royale, si l'avant-garde eût pénétré de vive force dans le palais.

Je dois ajouter que le général Pajol était parti sans vivres, sans argent, puisqu'on ne lui avait remis que 15,000 francs, et qu'il ignorait si un corps de réserve serait formé sur ses derrières ; pas un mot d'avis ne lui ayant été donné sur ce point capital.

Certes, jamais un corps d'armée ne fut chargé d'une expédition plus téméraire, plus dépourvue de moyens de tout genre. Cependant, parmi les vainqueurs de Paris (que cinq cents hommes de cavalerie et quelques pièces d'artillerie légère auraient pu dissiper, pour ne pas dire tailler en pièces), parmi ces intrépides

citoyens qui, au premier appel, avaient abandonné leurs paisibles travaux, pour s'élancer de
nouveau aux combats, il ne s'en trouva pas un
seul qui hésitât, ou qui fît compte des dangers.
Enviant le sort de la petite avant-garde qui, la
première, allait attaquer l'armée d'un tyran mé-
prisé et détesté, chacun eût voulu marcher avec
elle ; mais la confiance qu'inspiraient Pajol et
Jacqueminot suppléa à l'habitude de la discipline, et peu de braves désobéirent à leurs ordres.

Le village de Cognières n'a qu'une très petite
population. Déjà l'armée royale l'avait épuisé de
provisions, prises sans payer. Surpris inopinément par l'arrivée d'un si grand nombre de Parisiens, les habitans éprouvèrent donc d'abord
plus que de l'anxiété ; mais leurs nouveaux hôtes
ne ressemblaient pas à ceux qui venaient de les
quitter. L'ordre parfait qu'ils conservèrent, et le
paiement régulier de tous les vivres qui leur furent
délivrés, ne tardèrent pas à changer la stupeur
en un sentiment général d'admiration, et aucun
habitant, même sur la route, n'a eu sujet de
former une seule plainte, lorsque les Parisiens ont
évacué le pays. Admirez, mes amis, admirez
tant d'honnêteté populaire !

Un dernier fait achèvera de vous convaincre
que jamais aucune expédition militaire ne fut

plus dépourvue de moyens. L'armée n'avait des cartouches que pour un jour ; elle n'avait ni boisson, ni pain, et elle ne trouva les vivres, qu'on lui avait tardivement expédiés de Paris, qu'à Versailles, lorsqu'elle rentrait dans ses foyers ; or la journée avait été extrêmement chaude, et le voyage s'était fait au milieu d'une épaisse colonne de poussière. Enfin, si mon gendre n'avait eu l'idée d'enlever les canons de l'École militaire de Saint-Cyr, elle se fût trouvée sans une pièce d'artillerie, en face de l'ennemi ; celle qu'on avait fait partir de Paris n'étant arrivée à Cognières qu'à cinq heures du matin, sous les ordres de M. Joubert, qui avait fait, à l'attaque de l'Hôtel-de-Ville, des prodiges de valeur.

Nous arrivons au dénouement.

Les espions de l'ennemi furent, on peut le dire, les plus utiles auxiliaires de notre armée, en annonçant, successivement, au château, que toute la population de Paris accourait en poste, pour envelopper la garde, qui ne pourrait résister au nombre et à la furie des assaillans. La terreur qu'avaient causée aux tyrans les trois terribles journées, s'accrut ainsi progressivement. Elle jeta le conseil d'abord dans l'indécision, puis bientôt dans le désordre ; et, comme cela est d'usage parmi les poltrons, on perdit la tête, on trembla, au lieu de prendre des résolutions.

Cependant, on n'avait pas encore perdu tout espoir au château. On temporisait donc, dans l'espérance qu'on recevrait les renforts en marche, et avec lesquels on se croyait assuré de pouvoir se retirer sur la Loire. On s'attendait aussi à recevoir avis que les chouans étaient en armes, dans l'ouest. Enfin, d'autres ne doutaient pas que la Vendée tout entière ne fût déjà soulevée.

D'une autre part, on entendait dire que la population des campagnes était en mouvement, ce qui était vrai en partie. Le général, ayant envoyé des officiers chargés de soulever le pays, sur les derrières de l'ennemi, en arrivant à Rambouillet, le lendemain au matin, y trouva environ six cents hommes, qui avaient répondu à son appel, et qui eussent bientôt été suivis par un plus grand nombre.

On disait au château qu'on allait être cerné par l'insurrection qui fermait déjà toute retraite au royal cortége, sur les routes qu'il aurait à traverser; et comme les fugitifs royaux courent à toute bride, l'infanterie ne pourrait les suivre. La cavalerie elle-même ne pourrait soutenir une marche si longue, si rapide. Les augustes personnages seraient donc mal protégés, et peut-être même abandonnés à la fureur d'une *féroce canaille*, qui les mettrait en pièces, en dépit de leur droit divin et de la grâce de Dieu.

On osait à peine compter sur la fidélité de la garde. Si la défection commençait dans ses rangs, elle ferait de rapides progrès. Pour se l'assurer, il eût fallu partager ses dangers; mais, en montant à cheval, en se mettant à sa tête, on ne pourrait renouveler la farce du Trocadéro. Il faudrait s'exposer, tout de bon, au feu, et à tomber dans les mains des Parisiens, dont on n'avait à attendre aucun quartier, ce qui ne causait pas moins d'effroi aux poltrons de la cour qu'à leurs divins maîtres. Ce n'était donc pas des chevaux de bataille, mais bien des carrosses, pour la fuite, qu'on faisait préparer.

Cependant, l'heure décisive approchait, car déjà le colonel Dufay avait lâché les premières volées de coups de fusil sur les avant-postes. En se repliant, sans riposter, ils avaient redoublé les alarmes du château; et comme les couards sont encore plus aisément terrifiés dans l'obscurité de la nuit, qu'à la lumière du soleil, la peur était à son comble. L'orgueil et l'entêtement luttaient encore, mais plus mollement, contre la royale couardise, qui se disait, comme l'avait prévu le général, que l'armée parisienne devait être innombrable, enragée, et aux portes du château, puisque l'avant-garde avait osé s'engager avec tant de hardiesse. Le moment suprême était donc arrivé; il fallait se hâter de fuir ou de combattre, ou bien les assaillans allaient décider la question par les armes.

Ce fut dans ce moment que Charles X, s'adressant au maréchal Maison, l'un des trois commissaires, lui dit : « Est-il vrai, M. le maréchal, que les Parisiens soient au nombre de quatre-vingt mille à Cognières? — Je le crois, Sire. — Donnez-moi votre parole d'honneur qu'ils sont quatre-vingt mille. — Je vous la donne, Sire, en vous déclarant que je ne les ai pas comptés; mais qu'ils sont extrêmement nombreux. »

Un autre des commissaires, M. Odillon-Barot, aujourd'hui préfet de la Seine, dit au magnanime monarque : « Sire, la France entière est soulevée; le tocsin sonne partout. Vous pourriez faire tuer soixante mille hommes le premier jour, et autant le lendemain; mais le troisième jour, votre armée sera détruite, écrasée par le nombre; car pendant que vos forces diminueront, celles de la nation augmenteront de jour en jour. »

Le petit-fils de Henri IV, chanoine de Saint-Jean-de-Latran, n'avait pas contracté l'habitude de la vaillance, en célébrant la messe, dans son palais (1); et, n'osant temporiser plus

---

(1) Vous allez croire que j'invente; mais il est certain que le grand monarque, habillé en chanoine, disait lui-même sa messe, chaque jour, et que si la chère Dau-

long-temps, il donna, sur-le-champ, l'ordre du départ.

L'infanterie battit la générale, la cavalerie sonna à cheval, et furent déliées de leur serment de fidélité, à l'instant même où elles s'attendaient à recevoir l'ordre de marcher en avant.

Alors, et, *alors seulement,* la grande question de la guerre civile et de notre indépendance intérieure et extérieure fut décidée définitivement.

On ne sait, en vérité de quoi s'étonner davantage, soit de l'audace des Parisiens et de la rapidité de leur marche, soit de la couardise des tyrans, qui se laissèrent renverser, à la tête d'une armée prête à se battre sous leur commandement personnel, et de l'extrême célérité de leur fuite ; car il ne se passa pas une heure entre le moment où elle eut lieu, et celui où le colonel Dufay fit lâcher une volée de mousqueterie, contre les avant-postes du château.

Voilà les tyrans. Héros invincibles quand ils ordonnent les massacres, ils ne sont que de misé-

---

phine ne lui avait représenté que les impies de Paris étaient indignes d'un tel et si saint spectacle, il se fût montré aux processions publiques, sous les vêtemens d'un chanoine de Rome.

rables poltrons quand il s'agit de s'exposer au danger; et, à leur exemple, les flatteurs, les valets brodés, la populace des salariés, se retirent au moment même où ils devraient, d'après leurs sermens, se faire tuer; et, toujours prodigues du sang des opprimés, jamais ils ne surent en verser une goutte par devoir ou par reconnaissance.

Lorsqu'on ne connaît pas la douceur, la bonté du peuple français, sa répugnance pour le désordre, pour l'effusion du sang; et sa confiance dans l'honneur; dans la foi jurée; quand on ignore par quelles concessions, par combien de perfides promesses, il fut abusé et endormi, on se persuade à peine que la populeuse et généreuse France ait pu avoir la patience de porter un joug si ignominieux, imposé par des mains si débiles, et par des hommes si lâches..... Or, ce sont ces mêmes hommes qui accusent la France!!!

Lorsque l'armée ennemie apprit que ceux pour qui elle eût encore combattu, non-seulement s'enfuyaient, mais l'abandonnaient, sans même lui adresser des adieux, et des remerciemens, qu'elle n'avait que trop bien mérités; lorsque, se trouvant privée de vivres, après une diète absolue de trente-six heures, elle apprit que les fourgons royaux regorgeaient du même gibier qu'il lui avait été interdit de tuer, pour se procurer les alimens dont elle éprouvait le plus urgent besoin ; tant de lâcheté, tant de bassesse, tant de froide et méprisante indifférence, exaspérèrent même les officiers les plus royalistes, et indignèrent tous les soldats.

Chacun commença à songer aux moyens de se tirer le mieux possible d'une situation si pénible. Quelques pelotons jettèrent leurs armes et se rendirent au quartier du général Pajol. Des détachemens lui envoyèrent des parlementaires ; d'autres en reçurent de lui, et tous firent une capitulation qui ne coûta rien à l'honneur militaire. Ces dernières opérations ayant pris peu de temps, et se trouvant amicalement terminées à environ cinq heures du matin, le général ordonna la retraite, qui commença immédiatement en bon ordre, et à l'aide des mêmes voitures qui avaient servi à transporter l'armée.

Cependant, je ne dois pas vous laisser ignorer une circonstance qui vous prouvera jusqu'à quel haut degré d'exaltation le courage était porté.

Lorsque le jour parut, il devint indispensable de rendre compte à l'armée de la cause de son inactivité, en lui faisant connaître que le but de l'expédition avait été complètement atteint. Mais loin de calmer ses murmures, en lui annonçant que le tyran avait pris la fuite, on les excita à un tel point que le général, le colonel Jacqueminot et M. Georges Lafayette, second aide-de-camp, ne purent continuer leurs harangues, ni empêcher quelques centaines d'hommes de s'élancer, au pas de course, vers Rambouillet ; ce qui fit sentir au général la nécessité de s'y transporter, pour y assurer le bon ordre.

Le caisson qui contenait les diamans, et les bijoux de la couronne, dont la valeur s'élevait, au moins, à 80 millions, fut remis à M. Degousée. Après avoir rempli les plus strictes formalités, en présence de tous les fonctionnaires de la ville et des officiers du château, il le fit partir immédiatement pour Paris ; Or, ce qui vous donnera une nouvelle idée de la probité publique, ce précieux caisson, dont l'énorme richesse était connue de tout le monde, arriva intact, le soir même, chez le prince lieutenant général, d'où il fut ensuite dirigé au trésor public, sous la faible escorte de six hommes, commandés par M. Degousée.

Ne vous paraîtra-t-il pas digne de remarque, que ces trésors de la couronne aient été remis aux mains, et à la garde, du gendre de ce même homme dont les Bourbons avaient mis la tête à un si haut prix, huit ans avant, et qu'ils avaient poursuivi avec tant d'acharnement, jusque dans les pays étrangers ? Oh ! si les tyrans eux-mêmes étaient tombés au pouvoir de l'armée citoyenne, quel plaisir Degousée eût éprouvé en leur disant : « Apprenez que celui de qui dépend votre vie, en ce moment, est le gendre de ce même proscrit que vous privâtes de sa patrie, et que vous fîtes condamner à mort , après avoir poursuivi sa tête avec tant de furie et d'atrocité. » Mais il est heureux que les misérables aient pris la fuite ; car je suis certain qu'il eût été impossible d'empêcher les Parisiens de les mettre en pièces.

Tels sont, mes amis, les seuls détails que je puisse, et que quelque autre que ce soit pourra jamais vous donner, sur l'importante, et seule décisive, expédition de Rambouillet ; car je les ai pris à la source, et puis vous assurer que je n'ai rien oublié de ce qui pourra intéresser vos généreux compatriotes sur ce triomphe, qui, quoique obtenu sans effusion de sang, est peut-être le plus mémorable, et certainement le plus utile, de ceux qui ont signalé, plus d'une fois, la longue et belle carrière du général Pajol.

Vous l'avez vu prenant le commandement de Paris le 29 juillet à sept heures du matin, au refus de ceux à qui on l'avait proposé, et bravant encore plus la potence que les balles et la mitraille royales. Vous ne comprenez pas moins que moi l'intrépidité de son dévouement, et la grandeur de ses services dans l'expédition de Rambouillet; que penserez-vous, que direz-vous donc, mes amis, lorsque vous saurez qu'après avoir été réduit, à Paris, dès le premier jour, au second, ou même au troisième rang, il a été *complètement mis de côté,* lors de son retour dans la capitale; car on ne lui a offert qu'un emploi inférieur, qu'il ne pouvait accepter, après avoir commandé en chef dix mille chevaux à Leipsick, et plusieurs autres corps en 1813, 1814 et 1815, sous Napoléon?

Que direz-vous quand vous saurez qu'il n'a vaincu qu'à ses propres dépens, puisque le renversement des Bourbons, en privant le maréchal, dont il a épousé la fille, d'une somme énorme de traitemens cumulés, son beau-père lui a déclaré ne pouvoir plus lui payer la dot de sa femme?

A quoi j'ajoute que Pajol avait constamment refusé de prendre du service sous les Bourbons, quoique le maréchal, son beau-père, fût l'un de leurs favoris; ce qui aggrave passablement l'insultant oubli de ses derniers services. Mais l'histoire fera, tôt ou tard, la part de chacun, et elle lui restituera la plus belle.

Ces dernières observations vous expliqueront assez quelle sorte de devoir m'a commandé de prendre la plume pour exciter, dans votre pays, en faveur d'un noble et courageux patriote, un intérêt qu'on a l'injustice de lui refuser dans celui à la délivrance duquel il a pris une part plus éminente qu'aucun de ses frères d'armes.

P. S. On vient de m'annoncer que le général Pajol serait destiné à la place de gouverneur de la première division militaire.... Dieu le veuille, et bien plus dans l'intérêt public que dans le sien ! Que si l'on me blâmait d'avoir été trop sévère envers ceux qui l'ont, si long-temps, oublié, je répondrais : pourquoi se sont-ils déterminés, si tardivement, à être justes? et m'ont-ils laissé le temps d'imprimer mon ouvrage? Je demanderais encore si quelque intérêt actuel n'aurait pas parlé aussi haut que la justice elle-même?

Au reste, quel que soit l'évènement, j'aurai néanmoins à m'applaudir d'avoir fait ressortir les hauts services du général, et ceux de nombre d'autres.

APPENDICE.

Comme vous rattacherez aisément les notes et pièces ci-après, aux parties de ma lettre, je ne les numérote point.

Les faits épars, qui concernent nos départemens méridionaux, vous donneront à penser de quelles horribles scènes ils eussent été le théâtre, si Pajol ne les eût mis à l'abri, ainsi que le reste de la France, des déchiremens de la guerre civile, en chassant pour jamais les implacables artisans de nos malheurs.

PIÈCES JUSTIFICATIVES.

LIEUTENANCE GÉNÉRALE DU ROYAUME.

Paris, le 3 août 1830.

S. M. le roi Charles X ayant abdiqué la couronne, et S. A. R. M. le Dauphin ayant également renoncé à ses droits, il est devenu indispensable qu'ils s'éloignent immédiatement du territoire français ; en conséquence, le lieutenant-général comte Pajol est chargé de prendre toutes les mesures nécessaires pour les y déterminer, et pour veiller à la sûreté de leurs personnes. Il sera mis à sa disposition toutes les forces dont il aura besoin.

Signé LOUIS-PHILIPPE D'ORLÉANS.

Le commissaire provisoire au département de la guerre,

Signé Comte GÉRARD.

GARDE NATIONALE DE PARIS.

Hôtel-de-Ville, le 3 août 1830.

Le général commandant en chef au lieutenant-général Gérard.

Je vous envoie, mon cher général, mon aide-de-camp, M. Joubert, pour s'entendre avec vous quant aux mesures à prendre pour l'organisation des troupes que vous allez commander.

Je donne ordre en même temps aux chefs de légion de mettre à votre disposition cinq cents hommes par légion. Veuillez, mon cher général, donner vos ordres à M. Joubert quant à l'heure et au lieu de la réunion.

Signé LAFAYETTE.

Renvoyée au général comte Pajol, qui, ayant été

nommé par Monseigneur pour exécuter le mouvement, s'entendra avec M. Joubert.

Le commissaire provisoire au département de la guerre,

Signé Comte GÉRARD.

Nota. La garde nationale se composant de douze légions, il s'ensuit qu'on envoyait Pajol avec six mille citoyens, contre douze mille hommes de nos meilleures troupes !

GARDE NATIONALE DE PARIS.

Hôtel-de-Ville, le 3 août 1830.

Le général commandant en chef au général Pajol.

Mon cher Général,

J'ai mis en marche, d'après la demande qui m'a été faite, un nombre de troupes au moins égal à celui qui m'était demandé ; mais les renseignemens qui nous étaient donnés se trouvent contredits par un témoignage imposant, celui du général Desessarts. Il habite Rambouillet, il en arrive ; il a suivi les revues de Charles X ; il est bon appréciateur de la force des troupes. Voici ce qu'il a vu :

Les troupes royales sont encore fortes de dix à douze mille hommes ; elles sont disposées à se battre. Vous connaissez nos forces encore mieux que moi, et la nature des armes de la plupart d'entre elles ; le terrain autour de Rambouillet est autre chose que les rues de

Paris. J'envoie cette communication au général Gérard et à M. le duc d'Orléans.

Si vous vouliez des renforts de la même nature que le corps commandé par vous, je vous en enverrai; mais, avant tout, j'ai voulu vous faire part de l'opinion d'un militaire tel que le général Desessarts, qui a quitté Rambouillet à sept heures et demie du matin, et qui a tout vu de ses propres yeux. Notre affaire est trop belle pour courir de nouveaux risques, avant d'être bien sûr de son fait.

Recevez toutes mes amitiés,

Signé LAFAYETTE.

Nota. Cette lettre est comme une colonne élevée en l'honneur de Pajol; car elle ne retarda pas, d'une minute, son départ.

A M. le général Pajol, général en chef de l'armée expéditionnaire.

Le 3 août, dix heures et demie du soir.

Général,

Nous avons l'honneur de vous avertir que les diamans de la couronne nous ont été remis, et que nous les avons confiés à M. Nepveu, architecte du château, qui se chargera de vous indiquer le lieu où ils sont, afin que vous preniez les précautions nécessaires pour la conservation d'une propriété si précieuse.

Recevez l'assurance de nos sentimens tout dévoués,

Signés Le maréchal marquis MAISON,
ODILLON BARROT,
De SCHONEN.

PRÉFECTURE DE SEINE-ET-OISE.

Versailles, le 4 août 1830, à
minuit vingt minutes.

A M. le général Pajol, à Cognières ou Rambouillet.

Monsieur le Général,

Nous avons mis en mouvement toutes nos ressources ;
mais la masse de la colonne est devenue si forte, qu'elle
dépasse les ressources locales et nos prévisions. Le maire a
la promesse des boulangers de la ville de quatre mille livres de pain *toutes les trois heures;* l'intendance militaire a demandé à Paris dix mille rations, qui devaient
arriver à minuit ; j'ai envoyé moi-même une estafette au
ministre de l'intérieur, pour qu'on nous envoie demain,
de Paris, quatre-vingt mille rations, dans la matinée. Nous
ferons filer vers vous tout ce que nous pourrons créer ou
obtenir. Mais vous nous aviez annoncé sept mille hommes,
et le mouvement est certainement d'au moins quarante
mille, et les derniers venus enlèvent peut-être ce qu'on
envoie aux plus éloignés. Comptez que nous ferons tout
ce qu'il dépendra de nous de faire pour votre succès. Le
général Delort, qui a reçu votre lettre, a fait partir votre
dépêche.

J'ai l'honneur d'être votre tout dévoué,

Signé E. AUBERNON.

COMMISSION MUNICIPALE DE PARIS.

Hôtel-de-Ville, le 16 août 1830.

La Commission municipale déclare que, dans le cours des évènemens de juillet, M. Degousée, lieutenante-colonel d'état-major dans la garde nationale, a fait préuve, tous les jours, et à tous les instans, d'un zèle, d'une détermination et d'une capacité auxquels on ne saurait donner trop d'éloges. Les membres de la Commission l'ont vu, dès la matinée du 29 juillet, en armes et activant toutes les mesures d'attaque et de défense. La Commission lui a donné plusieurs missions dont il s'est acquitté avec promptitude, et elle l'a vu constamment partout où il pouvait être utile.

Les membres de la Commission,

Signés LOBAU,
MAUGUIN,
AUDRY DE PUIRAVEAU.

———————

L'an 1830, le mercredi 4 août, à huit heures du matin, dans l'une des salles de l'Hôtel-de-Ville de Rambouillet, se sont réunis M. Joseph Degousée, ingénieur-sondeur, colonel de la garde nationale de Paris, aide-de-camp de M. le lieutenant-général Pajol, fondé des pouvoirs spéciaux du général Pajol, commandant en chef l'armée expéditionnaire, ces pouvoirs en date de Cognières, d'aujourd'hui 4 août, et demeurés joints à l'un des originaux des présentes, après avoir été certifiés véritables, signés par M. le colonel Degousée et par MM. les officiers qui l'accompagnaient, et qui seront ci-après nommés ;

Et M. Louis-François Auguste, receveur-payeur du trésor de la liste civile à Rambouillet.

Lesquels ont dit :

Que, suivant un pouvoir d'hier soir, 3 août, M. de la Bouillerie, intendant général de la liste civile, a chargé M. Chambellan de faire à qui de droit la remise du fourgon qu'il a dit contenir les diamans de la couronne.

Ce fourgon a été remis à M. le maire de Rambouillet, qui en a donné décharge, et qui, immédiatement, a remis les clefs à M. le maréchal Maison.

MM. les membres de la commission, déléguée par S. A. R. le lieutenant-général du Royaume, ont laissé ce caisson dans une cour des communs du château de Rambouillet, après y avoir fait, sous leurs yeux, apposer les scellés. Ces faits sont constatés par procès-verbal dudit jour 3 août, lesquels constatent aussi la remise des clefs faite par M. le maire à M. le maréchal Maison.

Il est observé qu'il a été dit à tort, dans ce procès-verbal, que le caisson scellé avait été laissé sous la garde de M. Nepveu, architecte du château; cette garde ayant toujours été confiée à M. Chambellan, seul, qui le reconnaît.

En conséquence, M. Chambellan, dépositaire, et M. le colonel Degousée, autorisé par les pouvoirs ci-dessus énoncés, et accompagnés de M. Christian Lion Dumas, capitaine d'état-major, faisant fonction d'aide-de-camp de S. A. R. le duc d'Orléans; M. Antoine Servière, ancien sous-lieutenant ; MM. Jean-Joseph Thoyot, et Hector-Hyacinthe Huiard, élèves de l'École Polytechnique, officiers accompagnant M. le colonel Degousée, et chargés de recevoir, concurremment avec lui, la remise dont il s'agit, excepté seulement M. Dumas, chargé seulement d'assister à cette remise :

Reconnaissent s'être transportés dans la cour des communs, où avait été déposé le caisson dont il vient d'être parlé.

M. Degousée et les officiers qui l'accompagnent ont d'abord reconnu que les scellés apposés sur ce caisson se trouvent intacts; et, ensuite, ils ont reconnu aussi que M. Chambellan leur a fait la remise de deux caisses, dont ils le déchargent, pour s'en charger personnellement, en déchargeant aussi M. le maire de Rambouillet et M. l'architecte du château, en tant qu'il pourrait résulter des pièces établissant successivement le dépôt, que ces messieurs en auraient été chargés.

Cette vérification et cette remise ont eu lieu en présence de M. Clément Frayssinous, sous-préfet de l'arrondissement de Rambouillet ; de M. Jean-Sébastien Delorme, maire de la ville de Rambouillet, auquel un des originaux du présent sera remis; de M. Philippe-Charles Becquet, procureur du Roi près le tribunal civil de Rambouillet; de M. Charles-François Nepveu, architecte du château ; de M. Pierre-Robert Bourdon, conservateur des forêts et chasses du domaine de Rambouillet, et de M. Pierre Bernard, concierge du château de Rambouillet, lesquels ont attesté, en ce qui les concerne, l'exactitude des faits.

M. Degousée a invité M. le maire, qui y a de suite obtempéré, à apposer une bandelette de toile fixée par deux nouveaux scellés sur le caisson à eux confiés.

Fait triple à Rambouillet, lesdits jour, mois et an que ci-dessus, MM. Degousée et Chambellan ayant signé le présent procès - verbal, avec MM. les officiers assistant

M. Degousée et MM. les fonctionnaires dénommés ci-dessus.

DEGOUSÉE, CHAMBELLAN, LIÉNARD, THUYOT, BECQUET, BOURDON, SERVIÈRE, DELORME, BERNARD, DUMAS, FRAYSSINOUS, NEPVEU.

MINISTÈRE DES FINANCES.

CAISSE DU TRÉSOR ROYAL.

Le caissier du Trésor royal déclare et certifie, ensuite des ordres de M. le commissaire du Gouvernement près le département des finances, que M. Degousée, colonel de la garde nationale, premier aide-de-camp de M. le général Pajol, a remis au Trésor royal un fourgon scellé du sceau de la mairie de Rambouillet, et dont les clefs sont restées entre les mains de M. le maréchal Maison.

M. Degousée a déclaré que ce fourgon renfermait les diamans de la couronne, et qu'il avait été chargé par son général de l'aller chercher à Rambouillet, et de le ramener au Trésor royal.

Fait et délivré à Paris, le 4 août 1830, à sept heures et demie du soir.

Signé KESNER.

COMMISSION DE LA LISTE CIVILE.

DIVISION DE LA MAISON CIVILE.

Paris, le 14 septembre 1830.

A M. Degousée, lieutenant-colonel de la garde nationale.

Pour satisfaire, monsieur, au désir que vous nous avez exprimé par votre lettre du 8 de ce mois, nous nous empressons de certifier que l'ouverture du caisson, déposé au ministère des finances, et renfermant les diamans de la couronne, a eu lieu en notre présence, et que tous les diamans, pierres et bijoux ont été reconnus se trouver intacts et conformes à l'état descriptif de l'inventaire.

Quant aux inscriptions, aux valeurs et à l'argent comptant qui appartiennent à Madame la duchesse d'Angoulême, et qui avaient été saisis rue de la Chaise, n° 10, nous savons qu'ils ont été remis à M. le baron Charlet, secrétaire des commandemens de cette princesse. La copie du procès-verbal de remise qui a été dressé par la commission municipale vous servira naturellement de décharge, et nous ne pouvons que vous inviter à la réclamer directement à qui de droit.

Recevez, monsieur, l'assurance de notre considération distinguée,

Les commissaires de la liste civile,

MONTALIVET,
DUVERGIER DE HAURANNE.

(95)

Paris, le 21 septembre 1830.

Monsieur,

Nous venons de lire une brochure ayant pour titre *Dévouement de trois frères*. Son contenu nous a surpris. Nous déclarons que nous n'avons jamais eu pour camarade M. de Vernon; il a pu faire partie de l'expédition de Rambouillet, comme beaucoup de bons citoyens; mais nous, qui n'avons pas quitté le général Pajol depuis le 29 juillet au matin, et qui continuons à le voir journellement, nous vous prions de prendre note que le général Pajol n'a eu pendant l'expédition de Rambouillet, que

MM. Le colonel Jacqueminot, comme chef d'état-major;

Dufay, comme commandant de l'avant-garde;

Degousée et Georges Lafayette, pour aides-de-camp;

Laperche,

Dubouzet,

Higonnet,

Florion,

Et Delacour, pour officiers d'ordonnances.

Quelques élèves de l'École nous ont accompagnés à Cognières, mais sans fonctions spéciales auprès du général.

Veuillez, monsieur, agréer l'assurance de la haute con-sidération avec laquelle nous avons l'honneur d'être,

Vos très humbles et obéissans serviteurs,

Les officiers d'ordonnances
du général Pajol,

G. HIGONNET,
LAPERCHE,
J.-B. FLORION.

Nous signons pour MM. Debouzet et Delacour, absens.

En ce qui concerne la prise du Palais-Royal, la bro-chure contient beaucoup d'inexactitudes, que nous pour-rons relever, si l'auteur le désire.

G. HIGONNET,
J.-B. FLORION.

MASSACRES

DÉPARTEMENS DU MIDI,

EN 1815 ET 1816.

Le 25 juin 1815, on apprend, à Marseille, le désastre de Waterloo. Aussitôt des hommes de sac et de corde se précipitent en foule dans la ville, dont la population est augmentée de moitié par celle de tous les villages environnans. Non moins avide de sang que de pillage, le parti qui se dit royaliste a juré d'anéantir tous les habitans qu'il accuse d'être ennemis de la légitimité, et l'air retentit des cris d'une multitude furieuse. Officiers et soldats sont tous égorgés, sans pitié, aux cris de *vive le roi!* Le massacre des Mamelouks est général : les rues et les places publiques sont jonchées de cadavres sanglans et mutilés.

On assassine les passans, à cause de leurs *opinions politiques*. Tout ce qui est militaire, surtout, doit périr, et les cheveux blancs eux-mêmes ne sont pas épargnés.

Un père et son fils, liés ensemble et livrés, en cet état, à la populace, implorent en vain une mort prompte. Le sang jaillit, de l'un sur l'autre, des blessures que leur font les pierres, les coups de bâton, et de crosses de fusil; et ce n'est qu'après plusieurs heures de tourmens inouïs, que le trépas vient enfin les soustraire à la rage de leurs féroces bourreaux.

Une négresse, qui servait les Mameloucks, est rencontrée par une bande de ces enragés. « Crie *vive le roi*, lui disent-ils. — Non; Napoléon m'a fait gagner mon pain, *vive Napoléon!* » Traînée dans la fange, elle reçoit un coup de baïonnette dans le ventre. Ses entrailles sortent, et, en portant la main sur la blessure, elle s'écrie encore: « Scélérats! *vive Napoléon!* » On la jette dans l'eau; au moment où elle reparaît à la surface, elle renouvelle le même cri; une balle l'atteint, elle expire.

Des troupes d'hommes et de femmes forment des danses autour des cadavres amoncelés, en chantant des couplets royalistes.

Lorsque le petit nombre de militaires qui ont échappé sortent de la ville, des assassins embusqués sur leur passage font feu sur eux, à bout portant, au moment où ils débouchent de la porte.

A Nîmes, la populace, se disant royaliste,

assiége les troupes dans leurs casernes. On sonne
le tocsin, et dans tous les villages voisins, comme
dans la ville, les cloches, destinées à appeler les
chrétiens dans les temples d'un Dieu de paix, ser-
vent à réunir les brigands et les égorgeurs.

Les expressions manquent pour donner une
idée de l'effroi qui glace les citoyens paisibles, et
désarmés. En voyant les rues remplies d'une hi-
deuse canaille armée, couverte du sang qu'elle
a déjà versé; en voyant ses chefs déguenillés,
brandir les sabres avec lesquels ils viennent de
couper les têtes, et de mutiler leurs victimes, il
n'est pas un habitant qui ne se croie à sa dernière
heure. Les plus horribles provocations, à un massacre général, se font entendre. L'obscurité, le bruit
de la mousqueterie, les détonations du canon, les
cris des mourans, les vociférations des assassins,
tout se réunit pour terrifier les êtres les plus courageux et les plus innocens.

Les troupes fatiguées, affaiblies, demandent à
capituler; on exige qu'elles déposent leurs armes,
et elles acceptent cette condition, sous la ga-
rantie des chefs des assiégeans; mais, aussitôt
qu'elles sortent de leur caserne, on fait sur elles
une décharge générale, et à peine quelques individus échappent à la mort.

Deux nouveaux corps de brigands, formés à
Beaucaire, entrent successivement dans Nîmes,

armés de fourches, de bâtons ferrés, ou garnis de pointes de clous, de faux, de sabres, de fusils, de pistolets. Ils portent leurs vestes sur l'épaule, leurs bras sont nus; la plupart sont en haillons et sans chaussures.

A peine ont-ils pénétré dans la ville, qu'ils brisent les portes, qu'ils enfoncent les murs, pour s'introduire dans les maisons, où ils brisent et détruisent ce qu'ils ne pillent pas. A peine est-il un protestant qui ne soit entièrement dépouillé et ruiné ; et lorsque leurs demeures n'offrent plus rien à prendre, on les démolit.

Où trouverait-on quelques moyens de défense ou de protection ? Les armes des propriétaires sont passées dans les mains d'une canaille effrénée ; les magistrats ne se montrent nulle part ; leur porte est fermée ; leur oreille est sourde aux plaintes, les riches sont désormais au pouvoir de ceux qui ne possèdent rien.

Parmi ces monstres de la légitimité, de la sainte religion du pape et des jésuites, ceux que les *nobles* et *pieux* auteurs de cet exécrable plan, ont choisis comme chefs d'exécution, se font remarquer par des actes si affreusement atroces, qu'on frissonne à leur vue, ou même à leur nom.

Un seul coup d'œil jeté sur une maison, par *Trestaillons* (leur principal commandant), indique à ses habitans qu'elle va devenir sa proie,

et qu'il ne leur reste qu'à la démeubler, qu'à chercher ailleurs un refuge, pour sauver leurs jours.

Loin de porter secours aux protestans, les autorités, *qui tiennent leurs pouvoirs du roi,* se-
condent, de tous leurs moyens, les assassins, qui
ne sont jamais ni réprimés, ni menacés de la vengeance des lois, quoique, chaque jour, ils im-
molent de nouvelles victimes, sous les yeux de
toute la population.

Les autorités ont établi des postes à toutes les
issues de la ville, pour empêcher les protestans
d'en sortir, sans une permission écrite de la police. Que si, n'osant s'y transporter, dans la
crainte d'être reconnus et tués, ils parviennent à
s'évader, dans la campagne, le commissaire-gé-
néral Vidal leur fait enjoindre de rentrer immédiatement chez eux, sous peine de voir leurs biens
sequestrés. Les royaux agens ne veulent pas qu'il
échappe une seule des têtes qui ont été vouées
à la mort, par les hauts commissaires du roi.

Les campagnes ne sont pas traitées autrement
que la ville. On les pille, et les habitations y
sont incendiées ou rasées.

Une famille s'était soustraite par la fuite : les
brigands de la royauté l'en punissent, en détrui-
sant son habitation, et en exhumant le cadavre
d'un enfant de quelques mois ; en le traînant,
par les pieds, dans la fange, et en le jetant fina-

lement à la voirie, parmi les charognes... On invoque l'autorité du maire.... mais monsieur dormait, et personne, dans sa maison, n'oserait troubler le sommeil de cet excellent royaliste !!!

Une veuve est pillée, maltraitée, chassée de sa maison, qu'on démolit immédiatement. Un caveau contenait les restes de son mari, et de ses parens, sous une chapelle domestique. Ils sont arrachés au cercueil, et dispersés dans les champs. Le lendemain, l'infortunée les recueille, et les renferme, de nouveau.... Les monstres en sont informés, et ils les exhument, ils les dispersent, une seconde fois.

Menacés du même sort que leurs frères de Nîmes, les protestans des Cévennes se mettent en défense ; on leur fait des prisonniers ; on les amène au commandant des troupes autrichiennes, qui avaient marché avec les royalistes. Au lieu de les conserver sous sa garde, il les remet à la royale populace, qui se hâte de les amener à Nîmes, où l'on chantait un *Te Deum*, pour célébrer le bienfait de la seconde restauration !!! La cérémonie religieuse ne fut pas longue.... Cependant, au moment même où elle finissait, les prisonniers, déjà jugés et condamnés, périssaient par la main des bourreaux, pour expier l'affreux crime de s'être mis en défense contre les égorgeurs *inviolables* de la sainte légitimité.

En 1823, le brave Riégo fut aussi remis aux assassins de Ferdinand, par le commandant français, qui n'ignorait pas, assurément, que l'infortuné périrait dans les tortures..... Il ne serait pas impossible que ce généreux commandant fût aujourd'hui, à l'en croire, un chaud patriote.....

Parmi les quarante mille habitans de Nîmes, on comptait quinze mille protestans, et vingt-cinq mille catholiques, partisans fanatiques des jésuites. Déjà ils en avaient sollicité vivement le rétablissement, à l'instigation des bons pères eux-mêmes, dont un assez grand nombre se trouvaient dans le pays, où, dès 1814, ils avaient rétabli les processions, les confréries, et toutes les cérémonies de leur idolâtrie spéciale.

Aidés par les royalistes, les jésuites avaient mis à la mode, dès le premier retour des Bourbons, le cri public : *qu'il fallait se laver les mains dans le sang des protestans.* Ils avaient inculqué, dans un très grand nombre d'esprits, *qu'une Saint-Barthélemy était indispensable à la tranquillité du pays, au rétablissement de la religion de nos pères; et que les chefs de l'État ne connaissaient pas d'autre moyen de consolider la restauration... que l'ancien régime de Louis XIV était l'arche sainte,* etc., etc.

Un nommé Lavondès ayant fait écrire, en grosses lettres, au-dessus de la porte de sa mai-

son : *les Bourbons ou la mort;* et un attrouppe-
ment séditieux ayant menacé le préfet, qui avait
ordonné d'effacer cette inscription, un huissier
nommé Blanchard (qui ne tarda pas à trouver de
nombreux imitateurs), la placarda sur sa poi-
trine, en déclarant qu'il tuerait quiconque tente-
rait de la lui arracher.

Dans un circuit de plusieurs lieues, autour de
Nîmes, à peine quelques maisons de protestans
purent-elles échapper au pillage, à l'incendie ou à
la démolition. On y faisait la guerre aux hommes,
on les traquait comme des animaux destructeurs,
et s'ils n'avaient pas assez d'argent pour racheter
leur vie, on les mettait à mort, aussitôt qu'on les
avait pris.

La ressemblance entre ces horreurs, entre leur
caractère, et les moyens d'exécution, et ceux du
temps de Robespierre, est si frappante, que tout
homme de sens et d'observation ne pourra don-
ter, qu'à une époque, comme à l'autre, la même
faction, les mêmes intérêts commandèrent et di-
rigèrent tout.

Cinq frères, de Nîmes, furent les premières
victimes de la féroce spéculation, dont je viens de
parler.

On donnait la bastonnade aux femmes avec des
gourdins hérissés de pointes de clous; on les frap-
pait avec des battoirs à pointes, formant des fleurs

de lys...; et il n'était pas rare qu'elles expirassent, nues!!! sous les coups, au milieu des places publiques !

Que faisaient donc les autorités en de telles circonstances, me demanderez-vous? Mes amis, elles ne faisaient rien ; on ne les voyait même pas en public. Les bons royalistes, dont on s'était hâté de les composer, étaient d'accord, pour la plupart, avec les nobles et hauts instigateurs, avec les invisibles et puissans directeurs des massacres. D'autres auraient craint de se faire assassiner, si quelque acte , ou seulement quelques mots, de leur part, eussent pu donner à croire qu'ils désapprouvaient ces sanglantes monstruosités. Que s'ils se trouvaient, parfois, obligés de parler, les fonctionnaires se contentaient de consoler les infortunés, en leur disant *que tout cela était bien malheureux.*

Dans la ville d'Uzès, on extorqua, dès le premier jour, aux protestans, 30,000 fr. ; on pilla trente maisons; on massacra douze personnes. Les troupes autrichiennes étant entrées dans la ville, et y ayant rétabli l'ordre, les autorités les renvoyèrent, après quarante-huit heures de séjour, en leur disant qu'on n'avait plus besoin d'elles. Lorsqu'elles furent éloignées, les massacres et le pillage recommencèrent.

Les montagnes des Cévennes, habitées presque uniquement par les protestans, avaient servi de refuge à des milliers de fugitifs, sans armes, sans argent. Les volontaires royaux firent déclarer par l'autorité que les Cévennes étaient en insurrection, et qu'il était urgent d'y envoyer des forces imposantes, pour en éteindre le foyer. Aussitôt, les royaux sans-culottes s'élancèrent vers les montagnes.

Les paysans étant nombreux, et déterminés à ne pas se laisser piller et massacrer, les héros royalistes furent reçus à coups de fusil. N'étant pas venus pour se battre, mais pour assassiner, la peur les prit ; ils firent halte, et réclamèrent le secours des Autrichiens, qui ne se firent pas attendre, et marchèrent en avant avec eux. Leur arrivée dans la montagne fut signalée par le massacre de soixante paysans ; et les prisonniers, envoyés à Nîmes, en beaucoup plus grand nombre, y furent immédiatement fusillés.

On logea les troupes chez les protestans seulement, et lorsque le pays fut entièrement désarmé, on força tous les fugitifs de rentrer à Nîmes et à Uzès, où la mort les attendait.

Dans la répartition d'une somme de 940,000 fr. d'imposition extraordinaire, on fit payer aux protestans 600,000 fr, aux juifs 200,000 fr., et les catholiques, qui formaient les quatre cinquièmes de la population, ne payèrent que 140,000 fr.

Dans la nuit du 16 au 17 octobre, les Autrichiens ayant quitté Nîmes, les massacres recommencèrent avec une telle furie, que le général Lagarde, qui voulut les empêcher, fut assassiné. Cependant, il commandait au nom du Roi; mais de quoi s'avisait-il ? Les égorgeurs n'étaient-ils pas en droit de tout faire? ils sont donc demeurés *inviolables*. Jamais aucun d'eux n'a été conduit devant la justice; jamais un seul *chacal* judiciaire (j'entends les procureurs généraux, les procureurs du Roi, les substituts, les commissaires de police) ne fit aucune information contre eux; ils ne voulurent pas recevoir une seule plainte ; tandis qu'ils poursuivaient avec furie les victimes qui, en se défendant, avaient tué ou blessé quelques-uns des inviolables. Enfin ils requéraient les châtimens les plus rigoureux contre les témoins qui osaient déposer en faveur de leurs victimes.

Des commissaires ayant été envoyés dans le midi par les protestans d'Angleterre, il ne sera pas inutile de citer quelques lignes du rapport qu'ils firent imprimer à leur retour.

« ... Tout prouve, dirent-ils , qu'un pouvoir inconnu exerça sa funeste influence, de la manière la plus redoutable, dans ces malheureuses contrées. Ce pouvoir parvint, par ses odieuses machinations, à assurer à ses agens le succès et l'impunité.

» On massacra, jusque sous les fenêtres du préfet, des protestans qui étaient venus se réfugier dans sa cour.

» Un homme *d'un très haut pouvoir* avait écrit : Je crois indispensable que l'un des partis soit définitivement anéanti, *et qu'on prévienne ainsi une lutte;* c'est la seule mesure qui puisse assurer la tranquillité publique. »

Je reviens aux faits.

A peine restait-il dans les villes, et leurs environs , quelques-unes des principales familles. Deux ministres seulement avaient eu le courage de continuer à résider au milieu de leurs fidèles.

On forçait à se faire rebaptiser dans les églises catholiques, comme s'ils eussent été mahométans ou juifs, les ouvriers protestans, en leur refusant pain et ouvrage, ou en les menaçant de la mort.

A Saint-Hippolyte, dans les Cévennes, la Gardonnenque et la Vaunage, où les protestans forment les quatre cinquièmes de la population, pas un d'eux n'était admis dans la garde nationale, ou comme maire, comme juge, comme fonctionnaire quelconque; et leurs enfans eux-mêmes étaient chassés des écoles publiques.

Les temples de Pignon et de Saint-Afrique avaient été la proie des flammes. On avait dépouillé provisoirement les protestans des églises qu'ils avaient acquises, ou que le Gouvernement leur avait cédées. A Saint-Hippolyte, le temple avait été converti en logement militaire.

A Saint-Afrique, les livres sacrés et la robe du ministre avaient été traînés sur le pavé, et brûlés en place publique.

Plus de dix mille personnes riches avaient fui au loin, et même hors de France. Tous les fonctionnaires des cent jours avaient été proscrits, sans exception. Les routes, les bois étaient remplis des malheureux que leur pauvreté empêchait de quitter entièrement le pays.

Graffon, d'Uzès, l'un des chefs des nouveaux gardes nationaux, massacra lui-même dix-sept habitans de Nîmes, et plus de quarante personnes, dans sa propre ville.

Deux autres chefs, *Dupont* et *Truphemy*, assassinèrent, à la tête de leurs bandes, depuis le 17 juillet jusqu'au 14 septembre 1815, environ deux cent-cinquante individus, de tout sexe et de tout âge.

Une proclamation du roi ayant paru, en apparence, pour arrêter les massacres; et, en réalité, pour en empêcher la publicité, on remplit les prisons, et l'on y égorgea les victimes.

Truphemy, ayant été mis en jugement, et des milliers de témoins oculaires pouvant prouver qu'il avait égorgé, de sa main, quatorze protestans, ceux qui eurent le courage de déposer contre lui furent emprisonnés comme faux témoins. Ses complices, acquittés la veille, déclarèrent qu'il était innocent; il fut donc acquitté, et sa bande le promena en triomphe, plus altéré de sang que jamais.

Un célibataire de soixante ans, nommé Lafond, menait la vie la plus retirée : les assassins ayant envahi sa demeure, il racheta sa vie en leur livrant tout ce qu'il possédait; mais à peine furent-ils nantis de ses dépouilles, qu'ils se jetèrent sur lui, et l'ayant traîné par les cheveux sur le pallier de l'escalier, ils le précipitèrent dans la rue, par la fenêtre. Quoique ses membres eussent été affreusement brisés, comme il vivait encore, ils le traînèrent sur le seuil de sa porte, et là ils le hachèrent en pièces, au milieu des hurlemens de la populace.

Huit personnes de la famille Leblanc, vivant dans la même maison, sont étranglées ou assassinées dans l'intérieur, ou traînées dehors et coupées en morceaux.

Cinq personnes de la famille Chivas sont immolées de la même manière.

André, l'un des frères, était malade et alité. Trestaillons se rend chez lui, et s'étant fait conduire dans sa chambre, il lui demande des nouvelles de sa santé, en affectant d'y prendre intérêt. Il s'informe de la durée, de la nature de

sa maladie ; quel est son médecin, et quels re-
mèdes il prend.

André Chivas, qui ne savait pas que celui qui
lui parlait venait d'assassiner ses frères, répond
à toutes ses questions. Mais bientôt le monstre,
le saisissant, avec fureur, par la main, lui dit :
« On n'a pas traité ta maladie comme on l'aurait
dû ; moi, qui suis plus habile, je vais te guérir. »
En achevant ces mots, il prend, à sa ceinture,
l'un de ses pistolets, l'applique sur le front de l'infortuné, et lui fait sauter la cervelle, en présence
de sa femme, qu'il massacre bientôt après, sur le
cadavre de son mari.

Un charretier, nommé Bigot, attaqué dans sa
petite maison, s'y défend, avec l'aide de sa femme
et de sa belle-sœur ; mais, ne pouvant résister au
nombre et à la furie des assaillans, il finit par se
rendre à discrétion. Aussitôt qu'il a remis ses
armes, les massacreurs lui coupent la gorge, en
présence des deux femmes, qu'ils forcent à de-
meurer spectatrices, et qu'ils mettent en pièces,
après avoir assouvi sur elles leur brutalité.

Un domestique de ferme, nommé Ludet, ren-
contre l'une des bandes royales. Elle l'arrête, le
lie sur le haut de la charretée de paille qu'il conduisait à la ville. Elle y met le feu, et, pendant
que le malheureux pousse des hurlemens, les
monstres dansent autour du bûcher, en chantant

des chansons royalistes, et en criant *vive le roi!*

Un protestant, qui avait échappé à l'épuration, se croyait en sûreté sous l'habit de garde national, qu'il avait eu le bonheur de conserver. Une nuit, pendant qu'il se rendait à son poste, avec un peloton de catholiques, au clair de la lune, il aperçoit deux cadavres, et, s'en approchant, il les reconnaît pour être ceux de sa femme et de sa fille. L'éclat subit de son désespoir révèle son secret au peloton, qui le met en joue, en lui criant : « Va, nous ne serons pas assez cruels pour te séparer des objets d'une si vive tendresse. » Et il tombe percé de dix balles !!!

Cependant, il vivait encore le lendemain, et ce fut sur la place même, qu'avant d'expirer, il eut la force et le courage de faire lui-même ce récit.

A Uzès (cinq lieues de Nîmes), le 31 juillet, quarante-un protestans furent immolés, et un pillage général suivit ce massacre. Les prisons furent forcées, tous les prisonniers protestans y furent assassinés. Enfin, quelques heures après, on en conduisit six autres hors de la ville, et on les fusilla.

En arrivant à Calvisson, les volontaires royaux font feu sur les habitans, et ils en tuent treize à la première décharge.

Lorsqu'une veuve de Nîmes se présente à la mairie, pour obtenir l'acte de décès de son mari, mort assassiné : « Nous n'avons point de registres pour de tels coquins, » lui répond-on.

Je termine ces fragmens, extraits de mes propres publications, de 1818, en citant un dernier et horrible crime.

Le maréchal Brune, qui commandait dans les mêmes départemens, durant les cent jours, avait répondu, à ceux qui le pressaient d'employer des moyens rigoureux contre les fanatiques royalistes : « Il vaut mieux ramener les têtes que les couper ; il vaut mieux passer pour un homme faible, que pour un buveur de sang ; » et sa conduite avait été entièrement conforme à ses principes.

Eh bien ! lorsque les royalistes, qu'il avait épargnés, devinrent, de nouveau, les maîtres, ils se saisirent de sa personne ; lui firent souffrir les plus cruels tourmens, en l'accusant d'être un boucher, un buveur de sang ; et ils jetèrent, ensuite, son cadavre dans le Rhône, à Avignon, si ma mémoire ne me trompe pas.

Mais, ce qui vous révoltera plus encore, peut-être, un commissaire de police fit et signa un procès-verbal, *constatant qu'il s'était suicidé !!!* Et lorsque madame la maréchale, quatre ou cinq ans après, réclama en justice, au nom de l'illustre

mémoire de son mari, elle fut, je crois, con-
damnée comme calomniatrice !!!

N'avais-je pas raison, mes amis, de vous parler
des maux affreux qui eussent désolé le midi, si
nos tyrans étaient parvenus à engager la guerre
civile? En effet, si, lorsqu'ils se croyaient iné-
branlables sur le trône, ils firent commettre de si
horribles massacres, à quelles fureurs, encore bien
plus abominables, n'eussent-ils pas excité leurs
anciens égorgeurs, quand ils auraient fait une
guerre d'extermination à la France? lorsqu'ils
auraient, comme au temps de *leur* Robespierre,
attendu leur rétablissement de l'excès de nos
malheurs?

Je n'ai plus que quelques observations à vous
faire.

1°. Vous venez de voir quelle fut, en 1815 et
en 1816, l'atrocité des Bourbons et de la faction
qui a été renversée avec eux; et, d'une autre
part, vous ne pouvez assez admirer la noble géné-
rosité et l'humanité touchante du peuple de Paris
vainqueur. Le contraste vous frappera.

De grâce, ne souffrez donc plus qu'on accuse,
en votre présence, la nation française, des affreux crimes des premières années de la révolution. Car vous serait-il possible, désormais, de
douter qu'ils furent commis par des bandes pa-
reilles à celles qui ensanglantèrent le midi, en

1815 et 1816, et dans l'intérêt de la même faction ?

2°. Réfléchissez ensuite sur la politique monstrueuse des cabinets, qui nous imposèrent, de nouveau, cette faction ; sachant d'avance, et avant même que les hostilités eussent commencé (je l'assure positivement), que déjà on avait arrêté, à Gand, le plan d'exterminer, ou de proscrire, après la victoire, non quelques cent mille, mais plusieurs millions, de Français.....

3°. Vous jugerez si c'est avec raison que j'ai donné tant d'éloges aux braves de Rambouillet, et si, effectivement, cette dernière expédition a eu toute l'importance que je lui attribue.

Adieu. Dans le mois d'octobre, je vous paierai ma dette, en vous présentant le tableau de notre situation. Mais, je ne vous ferai plus frémir par des récits horribles, car je prévois, Dieu merci, que j'aurai seulement à vous entretenir de notre bonheur, et d'une amélioration remarquable dans notre position intérieure.

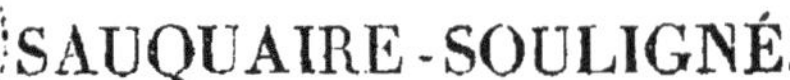

SAUQUAIRE-SOULIGNÉ.

www.ingramcontent.com/pod-product-compliance
Ingram Content Group UK Ltd.
Pitfield, Milton Keynes, MK11 3LW, UK
UKHW022311070726
13614UKWH00002B/672